SHODENSHA
SHINSHO

組織行動の「まずい!!」学

——どうして失敗が繰り返されるのか

樋口晴彦

はじめに

近年、失敗学会の畑村洋太郎先生のご尽力により、「失敗学」という言葉が着実に普及しつつある。失敗事例を他山の石として研究し、その防止対策を社会に還元する動きが広がりを見せているのはたいへん心強いことだ。

これまでの失敗学では、主に技術工学分野を中心に研究が進められてきたが、決して狭い枠内に閉じ込められるべきものではない。むしろ失敗学は様々な学問分野を横断的に包摂《ほうせつ》する性格を有しており、今後はその概念をいわゆる文科系の世界にも拡張していくことが課題であると言えよう。

本書は、その中でも特にマネジメントの分野に着目して、組織行動に関係する様々な失敗事例に分析を加え、リスク管理上の教訓事項を抽出したものだ。敢えて「まずい!!」学と柔らかなネーミングとしたのは、技術アレルギーの文科系読者にも、本書を手に取っていただきたかったからである。

このテーマについて私が講演を行うと、「失敗の原因はよく理解できたが、肝心の対策を教えてもらえないか」とコメントする受講者が必ず一人はいるものだ。そこで、この質問にあらかじめお答えしておこう。

問題点の本質を正確に把握できれば、その8割は解決したのも同然であり、取るべき方策は自ずと浮かび上がってくる。誰でも思いつくような対策案を延々と書き並べて、本書の内容を水増しするような真似は、私の好むところではない。

また、「問題に対して必ず『正解』がある」とする発想それ自体も適当ではない。ある企業において功を奏した対策であっても、別の組織では必ずしも有効とは限らないからだ。一つの問題に対して様々な選択肢を俎上《そじょう》に上げ、自己の業態や管理システム、企業風土等々を勘案し、最も有効な対策を模索していくのが管理職の務めなのである。

問題点をきちんと認識しているにもかかわらず、もしも具体的な対策が思いつかないとすれば……。そのような管理職はすぐに身を引き、後進に道を譲るのが最良の対策ということになろう。

本書は、前述のようにリスク管理上の教訓事項の抽出を目的とするものであって、特定の個人または組織を非難する意図はまったくない。したがって、本書中の表記では匿名を基本としたが、社会的責任の高い組織が失敗事案に関与し、かつ、その事実が広範に知られている場合には、敢えて匿名とする意味がないものと判断した。

本書で紹介した事例については、出来る限り正確性の確保に努めたが、あくまで公開情報に基づいて作業を進めたため、情報の不足や偏りなどによる事実誤認が一部に存在する可能性は否定できない。そのようなケースについては、関係者あるいは読者の皆様からご指摘いただければ幸甚である。また、様々な要素が複合的に関係している事例については、一般読者の理解を促すために、その一部は内容を単純化して説明していることをご容赦いただきたい。

最後に、改めてお断りするまでもなく、本書はあくまで私がプライベートの立場で執筆したものである。したがって、本書の中で示された見解は私個人の考えであり、私の所属する組織やその他の機関とは、無関係であることを申し添えておく。

樋口《ひぐち》晴彦《はるひこ》

組織行動の「まずい!!」学＊目次

第3章　行き過ぎた効率化――105

第4章　緊急時への備え

第5章　リスク管理の要諦《ようてい》

写真提供●毎日新聞社

第1章

人はなぜ、ミスを犯すのか

第一節　ヒューマン・エラーの背景に在《あ》るもの
〜エラーを誘発する職場環境〜

ヒューマン・エラーとは

"To err is human, to forgive divine."（過ちは人の常、許すは神の業）という格言があるように、人間とはエラーを犯す生き物である。我々の生活は、常にエラーと隣り合わせと言ってもよいだろう。

このヒューマン・エラーに対し、昔の牧歌的な時代には、「間違いは誰にでもあるさ」と鷹揚《おうよう》に構えていればよかった。しかし、現代ではそうはいかない。システムが巨大化・複雑化した結果、つまらないエラーが重大な事故につながるようになってしまったからだ。例えば、B747型機の座席数は500を優に超える。つまり、パイロットのエラーによって、500人以上の生命が一瞬にして失われる可能性があるということだ。

機械化がどんなに進展したとしても、その操作や保守点検、さらには機械それ自体の設計・製作など、様々な面で人間の関与する部分は依然として残る。そして、そのすべての段階においてヒューマン・エラーが発生し得るのである。ちなみに、経済産業省が平成15年に作成した「産業事故調査結果の中間取りまとめ」によると、最近の産業事故の実に76パーセントが、ヒューマン・エラーを直接的な原因としているということだ。

それでは、このヒューマン・エラーの本質とは何だろうか。日本ヒューマン・ファクター研究所長の黒田勲氏は、著書『「信じられないミス」はなぜ起こる―ヒューマン・ファクターの分析―』（中災防新書）の中で、ヒューマン・エラーのことを「達成しようとした目標から、意図せずに逸脱することとなった、期待に反した人間の行動」と定義している。

この定義を細分化すると、

①ある人物が期待されていた行動を取らなかったこと、あるいは期待されていない行動を取ったこと

②達成すべき目標から逸脱した事象が発生したこと

③その事象を引き起こす意図が行為者側になかったこと

の3要件に整理することができる。

第1の要件は、本来予定されている通りに行動した場合には、その結果がどのようになろうとも、ヒューマン・エラーとは言えないということだ。その一例として、戦場において歩《ほ》

哨《しょう》が誰何《すいか》に返答しない人影に発砲したが、その死体を検証したところ、自軍兵士であることが判明したというケースを考えてみよう。同士討ちが発生したこと自体は悲劇であるが、この歩哨は交戦規定に従って行動しただけなので、決してエラーではない。無論、軍法会議で責任を問われることもない。この一件でエラーが存在したとすれば、それは誰何への返答を怠った（＝交戦規定に違反した）兵士の側にある。

第2の要件は、結果的に目標が達成されていれば、ヒューマン・エラーには当たらないとの趣旨である。調理の際に調味料を入れる順番は、砂糖、塩、酢、醤油、味噌の「サシスセソ」とされているが、仮に砂糖と塩を入れる順序が逆になってしまったとしても、味に変わりがなければ問題は生じないのと同様だ。実は、このような結果オーライにも潜在的にエラーの「芽」が内包されているが、あくまで定義上ではエラーとならない。

第3の要件は、行為者の意図の欠如である。わざと事故を起こそうとして、異常な操作を意図的に行ったようなケースは、もはやエラーとは呼べないからだ。ただし、無意識のケアレスミスだけにエラーが限定されるわけでもない。現実の事故では、マニュアル違反の行動を意識的に行ったが、当人はまさか事故が起きるとは思ってもいなかったというケースが非常に多い。このような事例も、行為者側に意図が欠如していたことから、ヒューマン・エラーの範疇《はんちゅう》に含まれる。

以上の定義は、ヒューマン・エラーの行為面に着目したものであるが、エラーの防止という観点から忘れてならないのは、その背景要因の分析である。誰も事故を起こしたくないのに事故が起こるのは、当たり前のことだが、何らかの事情がその背後に存在するからだ。いわゆるケアレスミスでさえも、注意力が散漫になったことに何か理由があるはずである。

この辺りの背景要因を理解して所要の事前対策を施《ほどこ》すことができれば、ヒューマン・エラーが生じにくい職場環境を作り出すことが可能となる。しかし現実は、それとは程遠い状態であると言わざるを得ない。むしろ職場環境に内在している様々な問題点がヒューマン・エラーを誘発したと見られるケースが決して少なくないのだ。その典型が、チェルノブイリ原発事故である。

チェルノブイリ原発事故

ウクライナ共和国の首都キエフの北方130キロの地点に、「石棺」と通称される巨大な灰色の塊《かたまり》が聳《そび》え立っている。1986年4月、未曾有《みぞう》の原子力事故が発生したチェルノブイリ発電所の残骸を、コンクリートで封じ込めたものだ。

この事故では、制御不能に陥《おちい》った原子炉が爆発し、当時のソ連政府の発表によると、原発の運転員や消防士31人が死亡した。さらに、大量の放射性物質が外部に飛散したことにより、周辺住民約30万人が移住を余儀なくされたほか、広範囲にわたる深刻な放射能汚染とそれに伴う健康被害を引き起こしたのである。

このチェルノブイリ原発事故において最も重視すべきポイントは、原子炉それ自体の問題である。簡単に言えば、チェルノブイリ原発の原子炉は「欠陥品」だったのだ。

原子力発電の分野では米国が世界をリードし、日本をはじめとする西側諸国は、米国から技術供与を受けて原発の建設を進めてきた。しかし、米国と冷戦状態にあったソ連は技術導入ができず、自前で原子炉を開発するしかなかった。この独自開発の原子炉が、問題のチェルノブイリ原発で使用された黒鉛減速・軽水冷却・沸騰水型（RBMK型）原子炉である。

当時のソ連の金属加工技術では、大型の原子炉圧力容器の製造が不可能であったが、このRBMK型炉はそれを必要とせず、運転効率の面でも優れていた。しかしその一方で、致命的な欠陥を抱えていた。それは、低出力時に「正」のフィードバック効果が働くという問題である。

米国が開発した原子炉は、何らかの事情により原子炉内の核分裂反応が上昇した場合には、

爆発後、コンクリートで固められ、鉄板で覆われたチェルノブイリ原発4号炉

その反応を抑制する方向で「負」のフィードバック効果が働く。いわば跳《は》ね上がった振り子が自然に元に戻るようなものだ。しかし、RBMK型炉の場合には、これとは逆に反応をもっと上昇させる方向にフィードバック効果が現れる特質を有していた。「反応が上昇する↓正のフィードバック↓さらに反応が上昇する↓……」という悪循環で、核分裂反応がどんどんエスカレートしていくわけだ。

このRBMK型炉固有の欠点に加えて、制御棒の設計にも問題があった。制御棒とは核分裂反応を抑制するための装置であり、これを炉心の中に一斉挿入すれば原子炉を緊急停止させることができる。しかし、問題の原子炉は、制御棒の挿入に時間がかかり、しかも最初の数秒間は、核分裂反応をむしろ上昇させるという設計上の欠陥を有していた。

要するに、チェルノブイリ原発は、核分裂反応の制御が困難で暴走しやすい上に、安全対策の最後の砦である緊急停止システムにも問題を抱えていたのである。これを自動車に例えれば、アクセルを踏まずとも勝手に加速し、ブレーキの利《き》きも甘いということだ。

ソ連の技術陣もこれらの問題点には気付いていた。そのため、正のフィードバックの危険性がある低出力での運転は禁止され、制御棒も常に一定以上の本数を炉内に挿入したままにするように安全規則が定められていた。しかし、事故当時のオペレータは、この安全規則に違反して低出力で運転し、制御棒もすべて引き抜いてしまっていた。さらに、非常用炉心冷却装置（大量注水を行って原子炉内を冷却する装置）もオフにしていたのである。

正のフィードバック効果により原子炉が暴走を開始すると、オペレータは慌てて手動で制御棒を一斉に挿入した。しかし、前述した制御棒の欠陥により、わずか数秒で出力は急激に上昇し、その熱で燃料棒が溶融した。この高熱の核燃料が冷却水に触れ、水蒸気爆発が起きて原子炉が破壊され、次いで炉内で発生した水素と外気の酸素が反応して大爆発を引き起こしたのである。

オペレータの規則違反というヒューマン・エラーが、本件事故に直結したことは明らかである。しかし、チェルノブイリ原発がそのような規則違反の操作を「許容」するシステムであった点を見逃すことはできない。

もしも、制御棒の引き抜きすぎや非常用炉心冷却装置の停止などの危険な操作が構造上不可能、あるいは極めて手間が掛かるように設計されていれば、本件事故は発生していなかったに違いない。「規則を守って原発を運転する」のではなく、「規則違反の状態では原発の運転ができない（＝オペレータが規則違反をしようとしてもやれない）」ようにハード面をデザインすべきだったのだ。

その意味で、チェルノブイリ原発事故の原因の一端は、ヒューマン・エラーを誘発しやすく、そのエラーが大事故に結び付きやすいという原発の構造それ自体にあったと考えられるのである。

また、ハードの問題だけでなく、組織、制度あるいは計画などのソフト面も、ヒューマン・エラーを引き起こす背景要因となる場合がある。チェルノブイリ原発事故の場合にも、そのような側面が認められる。

この事故は、ある実験を行っている最中に発生したものだ。その実験とは、原子炉が緊急停止した際に、発電用タービンが慣性で回転するエネルギーを非常用電源として利用できるかどうかを調べるものである。前述のようにオペレータが非常用炉心冷却装置をオフにしたのは、この実験を行うために必要な操作だった。したがって、この点はオペレータのエラーとは言えず、そのような実験計画を立案したこと自体に問題がある。

危険性の高い低出力運転は、実験計画上では予定されていなかった。しかし、実験の途中でオペレータの操作ミスにより出力が低下した時、実験を中止せずにそのまま続行してしまったのである。これは、失敗の許されない雰囲気の中で実験が行われていたためだ。

この実験の性質上、保守点検のために原子炉を停止する時でなければ実施することができない。もしも失敗すれば、次の機会は1年半も先の話となる。その責任を追及されることを怖れたオペレータが、何とか実験を継続しようと考えたのは無理もないことだ。オペレータが規則に違反して制御棒をすべて引き抜いてしまったのも、下がってしまった出力を何とか回復させようとしたためである。

以上のように、もともと実験計画そのものが安全規則に違反していた上に、危険な操作をするようにオペレータを追い込んだ周囲の状況が、この事故の重要な背景要因となっている。前述した構造面の問題も併せて考えると、チェルノブイリ原発事故は、まさしく「職場環境によって引き起こされたヒューマン・エラー」と言えるだろう。

JR西日本福知山線脱線事故の原因

日本では、設計や構造の問題がエラーを誘発したケースはさほど多くないように感じられる。これは、ハード面に難があってもどうにか使いこなしてしまう日本人の器用さによるものかもしれない。その一方で、組織や制度、さらには職場の人間関係などのソフト面に起因するエラーは頻発《ひんぱつ》している。平成17年4月に発生したJR西日本福知山線の脱線事故も、社内制度が影響したヒューマン・エラーと考えられる。

この事故は、前停車駅でのオーバーランによる遅れを取り戻すために、T運転士が制限速度を超過して列車を運行させていたことが脱線につながったものだ。T運転士がそれほどまでに急いだのは、運行遅れのミスを咎《とが》められて、「日勤教育」と呼ばれる懲罰的勤務を課せられることを怖れたためと言われている。

この日勤教育では、何日にもわたって反省レポートの作成や除草、清掃などの作業が命じられる上に、数人の上司から代わる代わる厳しい叱責《しっせき》を浴びせられるということだ。ちなみに、その精神的苦痛により自殺したとされる運転士の遺族が、JR西日本に対して損害賠償訴訟を提起している。

T運転士も、この事故の前年に、やはりオーバーランのミスで13日間の日勤教育を課せられ、計19回も反省文を書かされていた。その苦い経験から、T運転士は何とかして運行遅れを取り戻したい（＝日勤教育を免れたい）という意識に囚《とら》われ、無謀な高速運転というヒューマン・エラーを犯してしまったものと考えられる。

もともとＪＲ西日本は、赤字ローカル線を数多く抱えている上に、都市部では私鉄路線との競合が激しかった。その弱体な経営体質を改善するために取られた方策が、問題の福知山線をはじめとする京阪神路線の高速化と運行本数の拡大だった。その結果、私鉄から利用者をシフトさせることに成功し、京阪神で輸送収入の約4割を稼ぎ出すまでになったのである。このＪＲ西日本の戦略自体は十分に理解できるが、問題は、そのために運行スケジュールが極めて過密となってしまったことだ。

物理的・技術的に困難な業務を部下に押し付ける際、必ず幅を利かせるのが精神論である。かつて太平洋戦争の末期に、米軍の物量に肉弾で対抗するために「大和魂」が鼓吹《こすい》されたのと同じことだ。問題の日勤教育についても、もともと過密なダイヤそれ自体に無理があったことから、現場ではやむなく精神論が強調され、次第にこのような懲罰的な形態に変質していったのだろう。

また、問題のT運転士はわずか1年しか運転経験がなく、技量が不足していた点は否めな

脱線してマンションに激突し、くの字に折れ曲がったＪＲ福知山線の車両

い。そのような未熟な運転士を、運行スケジュールの厳しい福知山線の勤務に就《つ》けたことにも問題がある。

　実は、ＪＲ西日本は、長年にわたるリストラと採用抑制の結果、職場の中核となるべき30代、40代の職員の比率が著しく低下していた。昭和62年の民営化の時点で約５万２０００人だった職員が、事故当時には約３万３０００人にまで減り、比率にして実に36・３パーセントの減少である。ＪＲの本州３社のうちＪＲ東日本が14・８パーセント減、ＪＲ東海が５・３パーセント減にとどまっているのと比較すると、この人減らしの凄《すさ》まじさがご理解いただけるだろう。

　そのため、京阪神路線の整備が進むと熟練運転士の不足がすぐに表面化し、若手をどんどん運転士に登用するようになった。私鉄では運転士になるまでに10年近くの勤務経験を要するのに対し、JR西日本ではわずか4年である。未熟な運転士に苛酷《かこく》な運転スケジュールが課されたのも、この熟練運転士の不足が原因と考えられる。その意味では、JR西日本における過度の人員削減が、ヒューマン・エラーを誘発したとの見方も可能であろう。

「ほんのちょっとしたこと」が積み重なると……

これまで取り上げたケースは、直接的には個人レベルのヒューマン・エラーである。しかし、組織の構成員の些細《ささい》な問題行動の連鎖が全体としてヒューマン・エラーを形成し、重大な事故に結び付いたケースも決して少なくない。

平成11年1月、横浜市立大学医学部附属病院において患者を取り違え、行うべきでない手術を執刀してしまった事故が発生した。この事故は、「取り違え」という言葉の印象から、病院側の明らかな怠慢と受け止められがちであるが、実はそれほど単純な話ではない。以下、事件の経過を簡単に説明することとしよう。

被害者となったA氏は74歳の男性で心臓の僧帽弁形成術を受ける予定であり、もう一方のB氏は84歳の男性で肺の嚢胞《のうほう》切除が予定されていた。この日、2人の手術時刻は共に午前9

時に設定されていたため、C病棟看護師が2台のストレッチャーを交互に動かしながら手術室交換ホールに移送し、D手術室看護師に「AさんとBさんです」と説明して2人を引き渡した。

このように2人同時に移送し、引き渡しの際にも区別を明確にしなかったことで、D看護師は思い違いをしてしまった。しかも、D看護師がA氏に対して「Bさん、おはようございます。よく眠れましたか」と声を掛けたところ、A氏が「はい」と返答したために、この思い違いが是正されることはなかった。A氏が「はい」と返答した原因としては、老齢であったこと、手術の件で頭が一杯であったことなどの事情が推察される。

2人が手術室交換ホールに移送された段階では、当人たちのカルテはそれぞれのストレッチャーの篭に入っていた。しかしこの病院では、手術室へのカルテの引き継ぎはカルテ受け渡し台で行う手順とされていたので、その際に2人のカルテが台上で一緒にされ、取り違えに気付く機会が失われてしまった。

A氏は12番手術室に移送され、次いでB氏が3番手術室に運ばれた。手術室内では、それぞれの麻酔科医師や手術室看護師が、「Bさん、点滴をとりますよ」「Aさんですか、おはようございます」などと呼びかけたが、患者から特段の反応はなかった。

麻酔処置の段階において、12番手術室では、患者の歯が術前所見よりも1本少ないことに気付いたが、特に問題視されなかった。3番手術室では、患者の身体特徴や肺動脈圧などの数値が術前所見と異なっていたことから電話で病棟に問い合わせたが、「確かにAさんは(手術室に)降りている」との返答を受け、データの相違は説明し得る変化だと納得してしまった。かくして取り違えに気付かないまま、手術が実施されたのである。

病院側の個々の対応は、決して杜撰《ずさん》というほどのものではない。まさに「ほんのちょっとしたこと」が積み重なって事故に至ってしまったわけだ。例えば、本人確認の際に「Aさんですか」と尋ねるのではなく、「あなたのお名前は何ですか」と質問していれば、このような事故には至らなかったはずだ。また、どんなに仕事が忙しくても、手術の際には一人ずつ患者を受け渡しすることが励行されていれば、何の問題も生じなかったに違いない。

実は、我々の身近で起きている事故のほとんどは、この患者取り違え事故のように小さな問題行動の連鎖によって発生したものだ。そして、そのような事故を予防するには、小さな改善活動を積み重ねる以外に方法はない。「小さなことからコツコツと」は、元参議院議員の西川きよし氏の口癖であるが、ヒューマン・エラー対策の面でも極めて重要なポイントなのである。

第二節　熟練者の落とし穴

～ベテランだからこそ事故を起こす～

事故予防の要諦《ようてい》を教える「高名《こうみょう》の木登り」

近年、日本のお家芸であるはずの製造業の現場で、大規模事故が立て続けに発生している。その度に新聞紙上で見かける「識者」の発言の典型は、「製造現場でベテラン職員が減り、〝ものづくりの魂〟が失われつつある」というものだ。事故原因の調査も始まらないうちからコメントを出す「識者」のいい加減さもさることながら、ベテランの減少イコール事故の多発という俗受けする図式は、決して事実を反映したものではない。

日本ではベテラン世代の大量退職時代を迎え、今後の技能伝承をどうするかという難問に直面していることは事実だ。しかしその一方で、少なくとも現時点では、作業現場におけるベテラン職員の比率は非常に高い。これは、どの企業でもバブル崩壊以後に新規採用を大幅に減らしたためだ。多くの作業現場では50代の作業員が主力であり、かつてないほどに現場の〝ベテラン化〟が進んでいる。

さらに、事故内容を子細《しさい》に調査していくと、若手の未熟さが原因となったケースは決して多くない。むしろ大抵の場合には、現場に精通しているはずのベテランが事故の引き金を引いているのである。これは一体どういうことなのだろうか。

『徒然草《つれづれぐさ》』の中に「高名の木登り」という話がある。あるところに木登りの名人がおり、弟子を指導していた。弟子が高い梢《こずえ》のところで枝切りをしている間、名人は何も言わなかったが、作業を終えた弟子がもう少しで地上というところまで降りてきた時に「注意せよ」と呼びかけた。

不思議に思った見物人が尋ねたところ、名人はこう答えた。「目くるめき枝危《あやう》きほどは、おのれがおそれ侍《はべ》れば申さず。あやまちは安き所になりて、必ず仕《つかまつ》ることに候（目がくらむほど高い場所では、弟子自身が怖くて注意しているので何も言う必要はない。転落事故というものは、もう大丈夫と気を緩めた時に発生するものだ）」

事故が発生するメカニズムも、この「高名の木登り」と同様である。未熟な若手は緊張感をもって作業に従事する上に、不案内な点についてはマニュアルを確認したり、先輩に質問したりするので、かえってミスをすることが少ない。さらに言えば、もともと重要な仕事を任されておらず、上司も心配して頻繁にチェックするので、たとえ失敗しても大事には至らないというわけだ。

ベテランの場合は、これと逆である。なまじ作業内容に精通しているだけに、緊張感を維持することが困難である。わざわざマニュアルを読み直したりはしないので、誤った作業手順を一度身に付けてしまうと、なかなか自分の間違いに気付かない。そして何よりも、ベテランは強い自負心を持っているため、周囲の助言をなかなか受け入れず、上司としてもなかなか口を出しづらい。

その結果、逆説的ではあるが、「むしろベテランだからこそ事故を起こす」という状況が生じる。その典型が三菱重工の客船火災事故である。

三菱重工客船火災事故は、なぜ起きたのか

平成14年10月、三菱重工長崎造船所で建造中の大型客船「ダイヤモンド・プリンセス」で火災が発生し、36時間後に鎮火するまでに船体床面積の4割に相当する約5万平方メートルを焼損した。同社の平成14年度連結決算では、本件事故の関係で130億円もの特別損失(同期の純利益の38パーセントに相当)を計上している。

「ダイヤモンド・プリンセス」は英国の海運会社から発注を受けたもので、排水量11万30

00トン、全長290メートル、甲板17層、最大旅客数約3100人という日本造船史上最大の豪華客船だった。この長崎造船所では、かつて世界最大の戦艦「大和」の姉妹艦「武蔵」を建造したが、本船は「武蔵」よりもさらに一回り大きい。

火災が発生したのは、進水を終えた「ダイヤモンド・プリンセス」を岸壁に係留し、艤装《ぎそう》工事を進めている最中のことだった。出火場所は5番デッキの320号客室と判明したが、この部屋には火の気がなかった。調査の結果、階下の4番デッキで行われていた溶接作業の熱が伝わり、同室内の可燃物に引火したことが明らかとなった。

問題の溶接作業を実施したのは、三菱重工の作業員A（当時52歳）である。入社以来30年以上の勤務経験を持つベテランであり、溶接に関する各種の技能講習や安全教育も受講済みであった。

当時、Aは配管を固定するための部品を天井に溶接する作業に従事していた。溶接場所は鉄骨の梁《はり》とされていたが、配管の位置関係により梁に溶接できない場合は、天井面に直接溶接する「直溶接《じか》」が認められていた。

ただし、各層の天井は階上の床を兼ねた鋼板であり、天井面に直溶接を行うと、その熱が伝わって階上の可燃物に引火する危険があった。そのため、三菱重工では、可燃物が搬入された区域を特別防火管理区画に指定し、その周囲で直溶接を行う場合には、特別防災班に火気作業届を提出した上で、溶接箇所背面の可燃物を除去し、見張り員を配置してから溶接作業を行うように指導していた。

問題の320号室にも既に内装用品が運び込まれ、特別防火管理区画に指定されていた。しかしAは、火気作業届を提出せず、また、可燃物の除去や見張り員の配置も行わずに直溶接を実施した。この火気作業の熱が320号室に置かれていた段ボール紙やビニールシートに引火し、火災が発生したものである。

ベテランに対する監督の放棄

Aが作業要領に違反したのは、それが初めてではなかった。Aは、4番デッキの業務に就いてから火災が発生するまでの2週間に、数十本の部品を直溶接していたが、いずれも火気作業届を提出していなかった。もちろん、可燃物の除去などの安全対策も行っていない。一緒に作業していた同僚がたびたびAに注意していたが、その態度は一向に改まらなかった。

この件について、直属上司の副作業長は報告を受けていなかった。現場にありがちな同僚同士の庇《かば》い合いである。たまたま火災の前日に、Aが同僚から注意されている現場に副作業

煙をあげる「ダイヤモンド・プリンセス」と、必死の消火作業に当たる消防船

長が通りかかり、違反作業がなされていたことを把握した。しかし、副作業長がAに対して指導を行うことはなく、事故を予防する機会をみすみす逃してしまった。

儒教道徳の影響で年長者を尊敬する文化を持つ日本では、ベテランの行動に対する監督が緩いという傾向が一般的に認められる。これは、組織内の役職に基づくフォーマルな上下関係とは別に、在職年数の長短に基づくインフォーマルな人間関係が職場の中に濃厚に形成されているためだ。

特に本件の場合、副作業長はAの上司という立場であったが、三菱重工に入社した年次は2年遅かった。そのため、「先輩」であるAを厳しく指導できなかったようだ。かつて日本陸軍の兵士の間では、「星（階級章）の数よりメンコ（食器のこと、勤務日数を意味する）の数」と言われ、2年兵の上等兵が3年兵の一等兵に頭が上がらなかった。民族のメンタリティというものは、時代を経てもなかなか変わらないのかもしれない。

また、前述の「識者」の言葉ではないが、日本には〝ものづくり〟を尊ぶ風土が存在し、現場の地位が相対的に高い。職制上の建前とは別に現場のベテラン作業員は強い発言権を有し、管理職といえどもみだりに作業現場に介入することを許さない気風を持つ。「学卒には現場のことはわからない」「現場には現場のやり方がある」というわけだ。

管理者側がベテランに遠慮して実質的に監督不在の状態が生ずると、その環境がベテラン側の意識にも影響を与え、ベテランの間に二極分化現象が発生する。現場のリーダーとしての責任感を抱いて技能にさらに磨きをかけるタイプと、ベテランとしての地位に安住して向上心を失ってしまうタイプである。言い換えれば、「周囲の模範となるベテラン」と「単に経験年数が長いだけのベテラン」の2種類に分かれるということだ。

前者はまさに組織の宝であるが、問題は後者である。自分の力量に慢心しているために、周囲の指導やアドバイスを受け入れようとせず、新しい知識や技能を身に付けようという意欲もない。それどころか、自分のやり方が一番正しいと思い込み、規則やマニュアルをあっさりと無視する。このような名前だけのベテランが安全管理上の盲点となり、予想外の事故を引き起こすことになるのである。

「現場尊重」という言葉は耳あたりが良い。しかし、現場の実情を把握しようとせず、単にベテランだからという理由で監督を放棄するのは、管理者側の甘えにほかならない。何のために部下より高い給料をもらっているのか、この点について自問すべきだろう。

規則違反が当たり前になっている!?

本件で暗澹《あんたん》とさせられるのは、A以外にも多くの作業員が火気作業要領を遵守《じゅんしゅ》していなかった点だ。実は、この事故に先立って、「ダイヤモンド・プリンセス」の船内では、4件の失火事件が発生していた。いずれも初期消火に成功したが、この4件すべてが、本件と同様に直溶接の際に階上の確認を怠ったことが原因である。今回の火災は「三度目の正直」ならぬ「五度目の正直」だったわけだ。

規則違反の常態化は、火気作業だけでなく、他の作業分野についても同様であった。例えば、特別防火管理区域の床上には可燃物を直置きしないように指示がなされていたが、実際には、直置きもやむを得ないという暗黙の了解が、現場に存在していたことが事後の調査で判明している。

副作業長がAの違反行為を安易に看過《かんか》してしまった背景として、このように職場内で規則違反が常態化していた事実は無視できない。日本の製造業をまさに代表する三菱重工で、どうして規則違反がこのように広がってしまったのだろうか。

事件後に三菱重工側が製造部門の課長・係長を対象に実施したアンケートでは、「守るべきルール／マニュアルが多すぎ実情に合わない」という結果が浮かび上がった。必要性の小さい、あるいは現場の実情から乖離《かいり》した規則類が増えたことで、作業現場の中で規則を遵守しようとする意識が稀薄《きはく》となる「規則過剰症」に陥っていたのである。

無意味な規則類を大量に押し付けられれば、現場としてもたまったものではない。その結果、「上に方針あれば、下に対策あり」の言葉が示すように、現場の「運用」として、密《ひそ》かに規則違反が広がることになる。

当初は不必要な規則に対してのみ違反が行われるが、いずれは絶対に守らなければならない安全規則にまで違反が及ぶ。これは、規則違反が日常茶飯事となることにより、規則それ自体の「重み」が失われてしまうからだ。規則やマニュアルを無用に増加させると、かえって現場の規範意識を後退させる危険性があることに注意が必要である。

ちなみに、リスク管理の関係者の間では、「ＩＳＯを取得した企業でおかしな事故がよく起きる」と密かに囁《ささや》かれている。これは、ＩＳＯ取得の際にコンサルタントの薦《すす》めで見栄《みば》えのよい膨大なマニュアルを作成した結果、「規則過剰症」を誘発してしまうためだ。

前述の社内アンケートでは、「会議・報告が多く、本来の現場管理・生産技術に傾注できない」、つまり現場監督者が、他部門との調整や書類作成などの事務作業に忙殺されている実態も明らかとなった。必要のない規則が多すぎる上に、監督者が現場を見回る時間的余裕もないとなれば、監督が形骸化するのはむしろ当然のことだろう。

それでは次の問題として、どうして規則や報告書などの文書類が増加していくのだろうか。そのキーワードは、組織の官僚化である。

総務や企画部門では、その業務の性質上、目に見える形で「成果」を示すことが難しい。そこで、ひたすら文書を作ることに精を出す。たくさんペーパーを作ってファイルを机の上に積み上げれば、何か大仕事をやり遂げた気分になれるし、現場から報告書をあれこれ提出させれば優越感にも浸《ひた》れるというわけだ。

つまり、組織内で文書類が必要以上に増加するのは、本来は現場を支える立場であるはずの総務・企画部門が、逆に現場に対して支配的な傾向を強めている証左である。文書が分厚いほどよいという文系的価値観、いわば「『紙』様信仰」を現場に押し付けているのだ。もしもあなたの会社で、業績が下降しているのに文書ファイルの冊数が年々増えていたとしたら、「まずい!!」と感じて早めに手を打つべきだろう。

組織的な焦りが無理を生む

広範な規則違反が見過ごされていた背景として、もう一つ挙げられるのが組織としての焦燥である。規則に違反しようが何をしようが、とにかく作業を急がなければならない事情が三菱重工側に存在したのだ。

90年代以降、造船業界では韓国との受注競争が激化し、造船国日本の象徴であった大型タンカーの価格は大きく下落していた。そのため、三菱重工ではLNG船やLPG船などの高付加価値船へのシフトを進めており、豪華客船の建造もその一環であった。これに加えて三菱重工には、利潤の高い豪華客船分野への進出を急がなければならない内部事情が存在した。

三菱重工の平成8年度決算は、売上高約3兆600億円、経常利益約1926億円といずれも過去最高に達したが、その後の業績は急激に悪化し、平成11年度に経常損益は約910億円の赤字となった。昭和39年に三菱重工が誕生して以来、経常赤字に転落したのは、これが初めてである。速やかな経営建て直しのために、三菱重工は利幅の大きいビジネスへの転換を進める必要に迫られていたのだ。

巨大プロジェクトである「ダイヤモンド・プリンセス」の建造をぜひとも成功させて、豪華客船市場を開拓したいと懸命であった三菱重工は、平成15年7月に予定されていた同船の引き渡し期日を2カ月も早めた。海外市場にアピールしようと、発注者側の要請に特別に配慮したのである。

しかし、「ダイヤモンド・プリンセス」ほどの豪華客船の建造は三菱重工でも初経験であり、もともと同船の作業工程は遅れがちであった。そのため、この2カ月の期間短縮の影響は非常に大きく、現場では相当な残業を余儀なくされた。

違反作業に対して徹底した対策が推進されなかったのは、納期に間に合わせるためにはやむを得ないという意識が、管理者側に存在したためと思量される。特に、問題の溶接工事が実施された4番デッキの作業はスケジュールよりも5日程度遅れており、管理者側の焦りは相当なものだったはずだ。

また、そもそも火災事故が発生したのは、まだ火気作業が継続されている区域の隣に大量の可燃性資材が搬入されていたためである。これは、過去に例のない大型客船の建造で工程管理が行き届かなかっただけでなく、工期の前倒しによって作業の流れが混乱していたことを示している。

ある意味では、三菱重工が新市場開拓のために重ねた無理が現場レベルに蓄積され、最終的に爆発したのがこの火災事故と言えよう。ただし、三菱重工を批判することは私の本意でない。むしろ「組織の三菱」と言われる三菱グループの代表的企業でさえも、現場管理に失敗してしまったことを、他山の石として重く受けとめるべきだ。

第三節　集団のエラー

～三人寄ればグループシンク～

集団的意思決定と「小田原評定《ひょうじょう》」

「三人寄れば文殊《もんじゅ》の知恵」という諺《ことわざ》がある。一人であれこれ思案するよりも、皆が寄り集まって議論したほうが良い知恵が浮かぶというのは、いかにも当然の話のように感じられる。しかし、果たして本当にそうだろうか。

戦国時代には様々な大名家が滅びていったが、主君の独断専行が滅亡の原因となった事例は案外に少ない。滅亡したのは、むしろ主君がイニシアティブを取らず、重臣会議で家中の戦略方針を決定していた大名家ばかりだ。このような集団的意思決定スタイルでは、とかく議論にだらだらと時間を費やし、判断が遅れがちとなる。さらに、会議で導き出される結論も、良く言えば保守的、悪く言えば退嬰《たいえい》的なものとなりがちであるため、戦国という奔流を乗り切ることができなかったのだ。その典型が、「小田原評定」で有名な北条家である。

それに対して、織田信長をはじめ豊臣秀吉、武田信玄、上杉謙信などの名高い武将たちは、いずれも独裁的に家中を統御していた。家臣の意見を求めることはあっても、それはあくまでポーズにすぎず、重要な判断はすべて一人で下していた。様々なビジネス書で経営者の模範像として持ち上げられている徳川家康でさえも、家中での実権を確立した後は、家臣に相談せずに重要事を決定するのが常であった。

結局のところ、多数の人々が集まって議論するのは、その集団内の「和」を形成する上では有用だが、効率性の面では問題があるということだ。変化の少ない安定した時代ならばゆっくり議論を重ねてもよいが、スピードが重視される革新期には、その対応の遅れが致命傷となりかねない。例えば、現代のＩＴ産業には信長型の経営者が少なくないようだが、生き馬の目を抜く業界で生き残るには、判断の速さが不可欠なためだろう。

読者の中には、「議論に時間がかかる点は否めないが、叡智《えいち》を集めるという意味では皆で意見を出し合うことが重要だ」とお考えの方もいることだろう。たしかに何事も複雑化した現代では、リーダー個人ですべてをカバーすることは困難なため、集団としての意思決定に重きを置かざるを得ない。しかし、「叡智を集める」というのは、口で言うほど簡単なことではない。

学生の頃に、グループで課題研究をした時のことを思い出していただきたい。議論の初めの段階では様々な発言が相次ぎ、その中には瞠目《どうもく》するほど斬新な提案も少なくない。しかし、作業が終盤に入ってペーパーの編集まで進むと、そういったキラリと光る意見がいつの間にか削《そ》ぎ落とされ、無難な内容に収束されてしまうものだ。

議論に参加する人数が多いほど、また、参加者同士の仲が良いほど、この傾向が強くなる。斬新な提案に対しては異論を持つ参加者も少なくないので、全体の人数が多くなれば、それだけ意見の調整が面倒になる。また、相手が友人だと、自分の意見を強く主張しにくいのは当然だ。

その結果として、阿吽《あうん》の呼吸、あるいは提案者の自主規制によって、キラリと光る意見が葬り去られてしまうのである。

議論以外の場でも、同様の事象は散見される。例えば、大きなプロジェクトを始動しようと社内が意気込んでいる時に、「この需要予測は楽観的すぎるのではないか」と疑問に思っても、それを実際に口に出す人はまずいないだろう。たとえその旨を表明したとしても、「皆が一体となって頑張ろうとしている時に、水を差すような真似をするもんじゃない」と窘《たしな》められるのが関の山である。

グループシンクとは何か

このような状況は、集団内の「和」を重んじる日本特有の問題かと思っていたが、どうもそうではないらしい。『Groupthink』の著者I.L.ジャニスは、凝集《ぎようしゆう》性が高い集団において、集団内の合意を得ようと意識するあまり、意思決定が非合理的な方向に歪《ゆが》められてしまう現象を「グループシンク」と名付けた。この「凝集性が高い」とは、リーダーの魅力や集団内の居心地の良さにより、各メンバーがその集団に強く引き付けられている状態を意味する。

ジャニスが研究の題材としたのは、ケネディ政権が大失敗したキューバ逆侵攻作戦である。1961年4月、米国の支援を受けた亡命キューバ人部隊が、キューバ南岸のピッグス湾に上陸したが、カストロ率いる政府軍の反撃を受け、わずか数日で全滅したという事件だ。

この敗北は、決して意外な結末ではない。亡命キューバ人部隊約1500人に対し、キューバ政府軍は10倍以上の2万人を擁しており、軍事的に見る限り、この作戦が成功する可能性はゼロに近かった。このような無謀な作戦が実行に移されたのは、ケネディ政権を支えるスタッフの中で、グループシンクが発生したためとジャニスは分析したのである。

このグループシンクの徴候としては、

・集団の実力に対する過大評価（＝無謬《むびゆう》神話の形成）

・集団独自の道徳の押し付け（＝世間一般の道徳の軽視）
・外部の意見に対するステレオタイプ的な反応（＝組織の閉鎖性）
・主流と異なる意見に対する自己検閲
・満場一致を求めるプレッシャー

などが指摘されている。いずれも日本ではよく見かける現象ばかりであり、それなりの規模と伝統を有する組織体では、グループシンクの危険性を常に意識すべきだろう。

集団がグループシンクに陥ることを防止する最良の策は、議論の場に「けなし役（Devil's Advocate）」を必ず参加させることだ。どのような意見に対しても批判を提出する役割を、特定の個人にあらかじめ割り振っておくのである。批判的な意見が一つ出れば、議論がその場の雰囲気に流されることを予防でき、他の者も内心の考えを開陳しやすくなるというわけだ。

前述のケネディ政権は、翌62年にキューバ危機（米本土を攻撃可能なソ連の核ミサイルがキューバに持ち込まれたことで、米ソ超大国が核戦争の瀬戸際に立った事件）に直面したが、その際の対応は非常に優れたものだった。これは、強硬論に傾きがちな軍関係者に対し、大統領の実弟であるロバート・ケネディ司法長官が「けなし役」として機能したためと言われている。

ちなみにジャニスは、集団としての意思決定の面についてグループシンクの概念を整理したが、必ずしもそれだけに限定する必要はあるまい。個別に意思決定する場合でも、その判断が「集団の一員」としての配慮から歪められる場合には、広義のグループシンクと考えてよいだろう。

チャレンジャー号爆発事故を引き起こしたグループシンク

1986年1月、スペースシャトルのチャレンジャー号が打ち上げ直後に爆発し、乗組員7人全員が死亡するという痛ましい事故が発生した。この事故を引き起こしたのが、NASA関係者のグループシンクである。

スペースシャトルの打ち上げは、フロリダ州ケープカナベラル所在のケネディ宇宙センターにて行われる。私も一度訪問したことがあるが、敷地の脇の芝生でワニが日向ぼっこをしているくらい温暖な地だ。しかし、このチャレンジャー号の打ち上げ当日は、寒波の襲来により気温が氷点下となっていた。

この異常な低温により、シャトルの外部に接続された固体燃料ロケット・ブースタの部品に異常が生じた。この部品はOリングと呼ばれるゴム製の輪で、ブースタの繋《つな》ぎ目の隙間《すきま》を封じ込める機能を果たしている。ところが、低温によりゴム製のOリングが硬くなっていたため、隙間部分からブースタ内部の高温ガスが噴出し始めた。その影響でブースタが傾いて液体燃料タンクに激突し、漏れた燃料に引火して大爆発を起こしたものである。

実は、ブースタの製造元のS社は、この低温がOリングを硬化させる危険性を事前に指摘していた。NASAの規定では、シャトルを打ち上げる毎《ごと》に、関係する製造業者すべての同意が必要とされていたので、本来であれば打ち上げは延期されたはずである。しかし、NASAのブースタ担当者の説得を受けて、最終的にS社が同意書を提出してしまったことが悲劇を招いた。

S社に対してNASA担当者が圧力をかけたことは問題だが、この圧力がそれほど強いものだったとは考えにくい。シャトル機材の製造には高度な技術が必要とされるので、巷《ちまた》でよく見られるように「嫌ならば他の業者に乗り換えるぞ」とS社を脅すわけにはいかないからだ。むしろS社が同意するに至った大きな理由は、共にシャトル計画の発展のために尽力してきたという仲間意識だったと考えられる。

もともとスペースシャトル計画ではトラブルが頻発し、打ち上げ実績は年間目標に遠く及ばない状況であった。その上、このチャレンジャー号の打ち上げも、既に2度にわたって延期されていたため、NASA関係者は相当に焦《じ》れていた。その辺りの事情をよく承知していたS社首脳としては、他の何百人という関係者が同意書を提出しているのに、自分のところだけ反対して、打ち上げを再延期させるわけにはいかないというグループシンクに陥ってしまったものと考えられる。

ちなみにNASAでは、問題点や意見の不一致については、それを解決するまで徹底的に議論すべしというポリシーを取っていた。前述したように、シャトル打ち上げのたびに関係者すべての同意を必要とするシステムを採用したのもそのためである。しかし、関係者のグループシンクにより異論の提出が自主規制されてしまったため、せっかくのS社の指摘をNASAとして正規に検討することができなかったのだ。

「波風を立てるのはよくない」

「和の国」日本は、まさにグループシンクのメッカである。酒席で「我が社」という言葉が連呼されるように、一般の日本人サラリーマンは、プライベートの場でも自分という存在を組織から切り離して考えることができない。ある意味では、グループシンクに敢えて没入することが良き組織人の証《あかし》であるかのようだ。

ただし、グループシンクの基礎となる「集団」は、必ずしも企業などのフォーマルな存在とは限らない。その実態がどんなにあやふやなものであっても、関係者の中に「集団」という意識が形成されれば、グループシンクは発生し得るのである。面白いケースを一つ取り上げてみよう。

平成17年11月、茨城県所在の採卵養鶏場「Kファーム」が、高病原性鳥インフルエンザ対策のため県当局が8月に実施したウイルス検査を妨害したとして、家畜伝染病予防法違反で摘発された。

その手口は、ウイルス検査のために鶏から血液等の検体を採取する際、1鶏舎から10羽ずつランダムに選択するよう指示されたにもかかわらず、感染リスクが比較的少ない若鶏だけから検体を採取したというものだ。8月の検査の際にはいずれも抗体陰性（鶏がウイルスの抗体を持っていない）だったが、10月の再検査で多数の検体に陽性反応が確認されたことから事件が発覚した。

農林水産省作成の特定家畜伝染病防疫指針によると、検体採取は都道府県家畜保健衛生所の家畜防疫員により実施することとされている。しかし8月の検査時には、家畜防疫員がK

ファーム代表で獣医師でもあるKに検体採取を任せ、現場の立ち会いもしなかったために偽装行為を許してしまった。

この事件は決して例外的なケースではない。その後の調査によると、茨城県以外にも数県において、本件と同様に家畜防疫員が立ち会いを怠っていた事件が発覚している。いずれのケースでも、養鶏場側が「こちらで雇っている獣医師に検体採取を任せてほしい」と主張し、家畜防疫員が断りきれなかったという態様であったようだ。

経営者側が検査妨害に走ったのは、ある意味で無理もない。もしも鳥インフルエンザの感染が見つかった場合には、養鶏場の鶏をすべて処分しなければならず、その損失は莫大なものとなるためだ。ちなみに、本事件の前年にも、京都府の養鶏業者が鳥インフルエンザの発生を隠蔽《いんぺい》しようとした事件が発覚している。

問題は、そのように違反行為の発生するおそれが十分に認められたにもかかわらず、どうして家畜防疫員が養鶏場側の自主採取を認めたのかという点である。さらに、茨城県だけでなく、いくつもの自治体で同種の事件が発生したからには、個別事情よりも共通の背景要因に着目しなければならない。

本件を理解する上でのキーワードは、「獣医師」である。家畜保健衛生所の家畜防疫員は府県職員であるが、同時に獣医師の資格も有している。平成16年の数字では、全国で獣医業務に従事している獣医師の届出数は約2万7000人であり、30万人の医師、7万人の歯科医師と比較すると相当に少ない。また、獣医学部や獣医学科のある大学は全国でわずか16校にすぎない。

このように非常に狭い業界である以上、獣医師の間に「集団」としての連帯意識が形成されやすいことは容易に推察できる。おそらく問題の家畜防疫員は、相手側の獣医師の要求を拒否して、獣医師仲間という「集団」の中に波風を立てることはよくないというグループシンクに陥ってしまったのだろう。

なお、このグループシンクに関する議論をさらに深化させたものとして、東洋英和女学院大学の岡本浩一教授は、著書『リスク・マネジメントの心理学』(新曜社)の中で、組織の意思決定を誤らせる要因の一つとして「属人的組織風土」を挙げている。

その趣旨は、事柄の内容よりも「誰」が提案しているかを重視する属人志向性の強い職場では、上司の提案に対して反対意見を言い出しにくく、組織ぐるみで違反行為が容認される「属人的組織風土」が生じるというものだ。日本における企業不祥事の構造を分析する上で極めて示唆に富む指摘であり、ぜひ一読されることをお薦《すす》めする。

第四節　リーダーシップの負の側面

～強すぎるリーダーは裸の王様～

WBC誤審騒動に見る、日米「ルール」解釈の違い

平成18年春、米国カリフォルニア州で開催されたWBC（ワールド・ベースボール・クラシック）の2次リーグで、王貞治監督率いる日本チームが米国チームと対戦中に審判の判定を巡ってトラブルが発生した。その顛末《てんまつ》は次の通りだ。

3対3の同点で迎えた8回表、日本は一死満塁の得点チャンスとなった。ここでバッターがレフトにフライを打ち上げ、タッチアップした三塁走者がホームを踏み、日本側ベンチは喜びに湧いた。ここで、米国選手が「三塁走者の離塁が早かったのではないか」と審判にアピールした。野球をよく知らない読者のために解説すると、走者がタッチアップする際には、野手がフライを捕球してからベースを離れなければならないというルールがある。これに違反した場合、守備側が審判にアピールすれば走者はアウトとなる。米国チームの立場からすれば、アピールを認められなくて元々だから、とにかく審判にアピールだけはしておこうと考えたのは当然だ。

これに対して、三塁ベースの近くでプレーを確認していた二塁塁審が「セーフ」と両手を広げたが、米国チームの監督は、「タッチアップの判定を下すのは球審のはずだ」と猛然と抗議を行った。すると、球審が「アウト」を宣告したのである。今度は王監督が抗議する番だったが、球審の判断が覆《くつがえ》ることはなかった。勝ち越し点をふいにした日本チームは9回裏にサヨナラ負けを喫し、極めて後味の悪いゲームとなった。

ちなみに、問題のタッチアップの場面をビデオで確認すると、三塁走者の足は、米国外野手がフライを捕るまでしっかりとベースに付いていた。米国のテレビや新聞各紙も「疑わしい判定が米国を救った」と報道しており、誤審だったことを事実上認めている。

王監督は、試合後の記者会見で、「抗議を受けて判定を変えるのはよくない」「一番近いところにいた塁審がセーフと言っているのに、遠くにいた球審が判定を変えるのはおかしい」と述べた。その報道を見た日本人の多くは、王監督と同じ感想を抱いたはずだ。しかし、誤審にやりきれない気持ちになったのは致し方ないとしても、このような考え方は米国人にはあまり通用しない。

最初に指摘すべきポイントは、ＷＢＣのルールでは、タッチアップの判定を球審が行うと決められていたことだ。つまり、塁審が判定を下したことに対して米国チームの監督が抗議したのは、ルール上では正当な行動である。そして、権限を持っていない塁審が下した〝判定〟は、そもそも正式な判定ではない以上、球審が判定を「変更」したわけではない。その点で、「抗議を受けて判定を変えた」という事実認識そのものに問題がある。

近くで見ていた塁審の判断に任せるべきだという議論も、権限の面から見ると、決して妥当ではない。あくまでも権限を持っている球審が自ら判定するのが筋《すじ》というものであり、その判断を安易に塁審に委《ゆだ》ねることは、むしろ無責任な行為と言えよう。結果的には誤審となってしまったが、人間が判定する以上は誤審がつきものである。ルールに従って判定したという点で、球審には落ち度はないと考えるべきだ。

「そんなルールそれ自体がおかしい。近くから見ていた塁審のほうが正確に決まっているじゃないか」と反論される方もいるだろう。私もそう思う。しかしそこで責められるべきは、球審がタッチアップを判定すべしというルールを設定したＷＢＣ事務局であって、決して球審その人ではない。そして、そのＷＢＣ事務局に日本側関係者も含まれていることを忘れてはならない。

とかく日本人は、コンセンサスによる意思決定に慣れているため、「ルール」や「権限」

という意識が稀薄《きはく》である。しかし、移民の国である米国はもちろんのこと、世界の多くの国々は、宗教・民族など様々なバックグラウンドを持つ人々から構成される混合体である。そのように同質性の少ない社会では、日本と違って阿吽《あうん》の呼吸は通用しない。社会契約としての「ルール」やそれに基づく「権限」を杓子《しやくし》定規に守っていかなければ、世間が回っていかないのである。この点を理解していないと、批判が空回りになるだけだ。

ただし、権限問題は別として、あくまで誤審防止という観点から見れば、球審としては、間近で確認していた塁審から状況説明を聴取すべきであった。最終的な判定は球審が行うにしても、判定を下すまでの過程で塁審の意見を参考にすることまでルールが否定しているわけではないからだ。

「おれがルールブックだ」の名言が示すように、選手に対して常に権威を保持しなければ、審判という職業はつとまらないらしい。米国では、特にその傾向が強いようだ。おそらく問題の球審は、この難しい判定を敢えて一人で即断することにより、自らのリーダーシップを周囲に誇示したいと考えたのではないだろうか。その意味で、この誤審の一件は、リーダーシップに内在する危うさを浮き彫りにするものと言えよう。

曲解されているリーダーシップ

リーダーシップという言葉は、ビジネス関係では最も頻繁に使用される単語の一つである。しかし、このリーダーシップの中身は何なのかという点になると、明確な答えはないと言わざるを得ない。

経営学の分野では、当初、リーダーシップの源泉となるリーダー本人の特性を重視する「特性論」(trait theory) というアプローチが有力であった。しかし、リーダーの特性とよく言われる「知性」「外向性」「順応性」などに関して実証研究が行われた結果、これらの要素とリーダーシップの相関は決して強くないという結論に至った。つまり、特定の資質を持った個人が、必ずしも良きリーダーになれるわけではないことが明らかになったわけだ。

次に注目されたのは、リーダーの行動パターンに着目した「行動論」(behavioral theory) である。基本的な行動姿勢を、「仕事重視型」や「人間関係重視型」などに類型化し、どのタイプがより効果的であるかについて研究が進められた。しかし、その研究結果が必ずしも一定の方向を示していないことが徐々に明らかとなった。そして、リーダーシップは決してリーダー個人の問題ではなく、その部下との関わり合いの中で理解されるべきだという議論が提起されるようになった。

現在、最も説得力を持つとされるアプローチが、「状況論」（situational theory）である。唯一絶対というリーダー像は存在せず、部下のやる気や能力、さらに職務内容などの「状況」に応じて、有効なリーダーシップのスタイルは異なってくるというものだ。例えば、部下の習熟度が高い場合には、部下に権限を委譲するスタイルが効果的であり、その逆の場合には、細かく口うるさく指示するスタイルが好ましいとされている。

同じ組織の中でも、部署の性格に応じてリーダーシップのスタイルは違ってくる。人事部門と営業部門とでは、求められるリーダー像が大きく異なるのは容易にご理解いただけるはずだ。また、組織の目指す方向性も大きく関係してくる。何らかの変革を迫られている状況下では強い説得力を有するヴィジョン提示型が好ましく、逆に安定期には調整型の無難なリーダーのほうが上手くいくだろう。

この「状況論」は、よく考えてみれば当たり前のことを言っているにすぎない。それにもかかわらず、管理職的な立場に就いている方たちでさえも、ある固定化されたリーダー像を理想としている人が少なくないというのが現実だ。それはどうしてだろうか。

理由の一つとして挙げられるのが、過去の成功体験からくる呪縛《じゅばく》である。ある職場において成功したリーダーシップのスタイルが、それ以外の部署でも成功すると思い込んでしまうのだ。高度成長期に組織をぐいぐいと引っ張っていた流通業界のカリスマ的リーダーが、バブル崩壊後の不況時には、逆に組織の構造転換を妨げる重大なマイナス要因となった事例などはその典型と言えるだろう。

もう一つの理由が、会社などの組織の内部で、さらには民族や国家のレベルで、理想とされるリーダー像の「神話」が形成されていることだ。ここで敢えて「神話」という言い方をしたのは、必ずしも根拠があるとは考えにくいケースが少なくないためだ。例えば、米国では、率先性や決断力の速さ、さらにはタフネスやマッチョ的なイメージなどが、リーダーの重要な資質と考えられている。誤審事件を起こした問題の球審の姿勢も、米国型のリーダーシップの典型と言える。

非常に興味深い話としては、米国企業の上位500社の男性経営者の平均身長を調べたところ、一般男性の平均より8センチも高いことが判明した。統計学的に見ると、これほどの差が偶然に生じる確率は限りなくゼロに近い。この身長差の理由はただ一つ、「背の高い男性にはリーダーシップがある」という「神話」が米国社会には存在するということだ。

これに対して日本では、徳川家康や西郷隆盛などの歴史上の人物を引き合いに出して、私心を捨てて部下との良好な関係を保ち、いわば神輿《みこし》に徹することがリーダーの要諦であるかのように論じる識者が多い。しかし、そのようなリーダーシップ論は、歴史小説を現実と勘違いしているだけの浅薄《せんぱく》なものだ。

例えば、実際の西郷隆盛は算術に明るく、懐にはいつも算盤《そろばん》を忍ばせていた。また、幕末時には、幕府側を挑発するために、三田の薩摩藩邸に不逞《ふてい》浪人を多数引き入れ、江戸市中で騒擾《そうじょう》や略奪などのテロ行為をやらせている。一部の識者が称揚している「茫洋《ぼうよう》」「至誠」といったイメージは、西郷の一面だけを強調しているにすぎない。

また西南戦争では、西郷はたしかに部下の神輿に乗ったが、結果的には部下もろとも破滅している。これに関して「薩摩兵児《へこ》と共に滅びることが西郷の目的だった」という見解も唱《とな》えられているが、兵乱当初の西郷の言動を見る限り、こじつけと断じざるを得ない。西郷ほどの人物でも、薩摩軍団の実力に対する過大評価（＝政府軍の過小評価）に陥って失敗したというのが西南戦争の実相である。

結局のところ、西郷を論じる方々のほとんどは、日本人が一般的に好んでいるリーダー像に西郷を無理やり当て嵌《は》めようとしているだけだ。私は政治家としての西郷を高く評価しているが、それ故に、巷《ちまた》に溢《あふ》れるこのような歪曲《わいきょく》には耐え難いものがある。

話を本題に戻すと、リーダーシップという概念は、非常に一般的に用いられているにもかかわらず、これまで述べてきたように極めて曲解されている。そして、この曲解に基づいて状況に適合していないリーダーシップのスタイルが押し付けられることが、様々な失敗を生み出す背景となっているのである。本書の他のパートでは、日本型のリーダー像に起因する問題点について色々と取り上げているため、本節では米国型リーダーの失敗事例を次に紹介することとしよう。

「えひめ丸」衝突事故の真相

平成13年3月、ハワイのオアフ島沖で、米国海軍の原子力潜水艦「グリーンヴィル」が宇和島水産高校の実習船「えひめ丸」に衝突し、同船は沈没、生徒4人を含む9人が死亡した。潜水艦側が浮上する際に周囲の状況を十分に確認していなかったことが、直接の事故原因である。

潜水艦の操艦に関して、米海軍が様々な安全規定を設けていたことは言うまでもない。しかも、この「グリーンヴィル」は高度なソナー（音響探知装置）を備えており、衝突の1時間以上も前から、「えひめ丸」の存在を探知していたのである。

それにもかかわらず、事故が生起した理由について、事故調査に当たった米国運輸安全委員会は、「グリーンヴィル」のW艦長が「高圧的」な管理スタイルを取っていたため、乗員間の意思疎通を欠いていたと結論を下した。その経緯は、時系列的に見ると、次のようなものだった。

・潜水艦が浮上する際、操艦規定では、水上の船舶の所在に関してブリーフィングを実施することとされていたが、W艦長が浮上を急がせたために、当直士官がこのブリーフィングを省略した

・ソナー員が「えひめ丸」の存在について報告したが、W艦長はその報告に十分な注意を払おうとしなかった

・W艦長が潜望鏡により周囲を視察したが、規定よりも短い時間で視察を切り上げ、「えひめ丸」の存在に気付かずに「近距離目標なし」と判断した

・当直員は近距離に「えひめ丸」が存在すると正確に計算していたが、W艦長が「近距離目標なし」と判断したことを受けて、逆に自らの計算結果を修正してしまった

以上のように、艦長の判断に部下が盲従して手続きを省略し、あるいは意見具申を差し控えていたことが、「グリーンヴィル」側の安全管理システムを無力化したのである。

これに対して、「このように上司が絶対的権威を有するのは軍隊だからであって、その面

パールハーバーでドック入りし、損傷した船体を修理する米原潜「グリーンヴィル」

では世界共通ではないか」と考える読者もいることだろう。たしかに日本の海上自衛隊でも艦長は強い権威を有しているが、少なくとも私の知る限りでは、高圧的な管理とは程遠く、現場スタッフの発言権は非常に大きい。この辺りの管理スタイルの差は、やはり日米両国のリーダー像の相違によるものと見るべきだ。

ただし、W艦長が艦長として不適任だったと短絡的に判断すべきではない。艦隊で行動する水上艦艇よりも、単独で隠密行動を行う潜水艦のほうが、はるかに艦長の責任は重い。しかも、問題の「グリーンヴィル」は、一般の潜水艦とは異なり、特殊部隊を敵地に送り込むという特別な作戦を担当する艦だった。

その重要な任務を任されていたW艦長は、むしろ米海軍の中でもトップクラスの人材であったと見るべきだ。そして、彼の「高圧的」な管理スタイルも、言い方を変えれば、部下を完全に掌握していたということである。いざ戦場に出れば、W艦長は相当な戦果を挙げていたかもしれない。

パットン将軍は、第2次世界大戦の西ヨーロッパ戦線で抜群の戦功を挙げた猛将である。しかし彼は、野戦病院に入っていた神経症の兵士を臆病者と決め付けて殴打するなど融通の利《き》かないコチコチの軍人であったため、戦争終結後には閑職に左遷されてしまった。先ほどの「状況論」が示すように、平時と戦時とでは、求められるリーダーシップに大きな違いがあるということだろう。

なお、本事件を引き起こした要因として、W艦長の管理スタイルのほかに、「グリーンヴィル」に乗り組んでいた「招待客」の存在を見逃すことはできない。この招待客とは、冷戦終結による戦力縮減に直面した米海軍が、自らの有用性をアピールしようと体験航海に招待した民間有力者のことである。

当時、「グリーンヴィル」には16人もの招待客が乗り込み、さらにそのアテンド役として太平洋潜水艦部隊参謀長までもが乗船していた。もともと潜水艦は無駄なスペースが一切ないように設計されており、乗組員数（106人）の6分の1近くに達する訪問者が乗船したことが、艦内業務をどれほど阻害したかは想像に難くない。

狭い発令所内に多数の招待客が入り込んで身動きが取れなくなり、当直員は「えひめ丸」の位置を記入する作業を放棄せざるを得ず、ソナー員は招待客から色々と話しかけられ、課業に専念できなかったという。また、招待客を喜ばせようとW艦長が次々と急速潜行や旋回を命じたために、ソナー員は幾度も「えひめ丸」の位置を見失っていたようだ。前述のように当直士官に浮上作業を急がせたのも、多忙な招待客のために定刻に帰還しようとW艦長が焦っていたためとも伝えられている。

その意味では、本来の艦内業務（安全管理も当然これに含まれる）よりも優先しなければならない、招待客の接待という「任務」を「グリーンヴィル」に与えたことが、事件の背景要因の一つとなっていると考えるべきだろう。

第2章

危機意識の不在

第一節　危機感の麻痺《まひ》

～「今そこにある危機」が見えない～

過去の教訓を忘れた日本航空と雪印

昭和60年8月12日、日本航空123便が群馬県上野村の御巣鷹《おすたか》山に墜落し、乗客乗員合わせて520人が死亡するという航空史上最悪の惨事が発生した。

当時の私は、警察庁で大規模事故や災害対策を担当する警備課に配属されたばかりの新米係長であり、事故現場で活動する機動隊の無線交信を警察庁内の警備本部で傍受し、メモを作成する任務についていた。無線交信の端々から現場の悲惨な状況がありありと脳裏に浮かび、それだけに「生存者発見!!」の一報が飛び込んできた時には、まさに奇跡が起きたと感じたものだ。

あれから20年、その日本航空ではトラブルが続発し、厳しい批判を浴びている。機長が管制官の許可を得ずに滑走を開始したケース、強度不足の規定外部品を装着したまま飛行していたケース、整備時の安全ピンの抜き忘れにより逆噴射装置が作動しなかったケース、非常時のドア開放補助装置のバッテリー交換を忘れたケース等々、いずれも信じがたいほどに低レベルのミスばかりだ。日本航空では平成17年に再発防止策を国土交通省に提出したが、その後もトラブルが相次いだため、国土交通省が再発防止策の再提出を要求するという異例の事態にまで発展した。

まことに残念なことだが、日本航空関係者は、123便事故の教訓をすっかり忘れてしまったかのように見える。「去る者日々に疎《うと》し」という言葉があるが、あれほどの大事故の記憶でさえも、そのように風化していくものらしい。その典型が「機付整備士制度」である。

日航123便の事故は、この機体が過去に尻もち事故を起こした際に、ボーイング社が同機の後部圧力隔壁に不適切な修理を行ったことが直接の原因である。しかし、修理後すぐに事故が発生したわけではない。

その後7年にわたって圧力隔壁に亀裂が徐々に広がった結果、ついに圧力隔壁が吹き飛んで油圧操縦システムを破壊し、操縦不能に陥ったのである。ある意味で、その7年の間に日本航空がたびたび実施した点検整備の際に、その不適切な修理状況や亀裂の存在に気付かなかったことが、事故の間接的な要因となっている。

そのため日本航空では、この事故の教訓を踏まえた対策として、機体ごとに整備責任者を

御巣鷹山に墜落した日航123便の機体の一部

指定する機付整備士制度を制定した。個々の機体に対して「主治医」となる整備士を任命することで、機体の状況を継続的に把握させるとともに、安全管理に対する責任感を引き出そうとしたものだ。

しかし機付整備士制度は90年代にかけて次第に形骸化し、平成15年の時点で実質的に消滅したという。規制緩和の流れの中で航空会社がコスト削減を最優先課題に掲げ、整備業務を人件費の安い海外、特に中国の整備業者に委託するようになったためだ。平成16年には、日航、全日空ともに全整備の3割前後を海外に発注している。

海外の委託先の技術力については国土交通省が認定しており、安全面での問題はないと航空会社サイドは説明している。また、各機の点検履歴も当然提供されている。しかし、基本的に外注先とは依頼された仕事をこなすだけの存在であり、機付整備士制度の趣旨である継続性と責任感を代替できるわけではない。ましてや、航空会社とは違う組織体である以上、安全哲学の共有を期待するのは無理というものだ。

このようなコスト優先の姿勢が、国内の整備現場においても、整備要員の過度の削減や整備機材の不足などの形で影響を及ぼしていると指摘されている。航空業界は労使関係が難しいので、労組の主張を鵜呑《うの》みにするわけにはいかないが、「発見した故障を、出発に支障がないように時期をずらして発見したことにしたり、見ぬふりをした」「交換部品の在庫がないためダメなものもＯＫにせざるを得なかった」（『航空連ニュース』平成16年２月23日）という話は、そのまま聞き捨てにできるものではない。もう一度、１２３便事故当時の原点に立ち帰って、安全管理を見つめ直す必要があるだろう。

過去の教訓が忘却されるのは、日本航空に限った話ではない。平成12年に食中毒事件が発生した雪印乳業では、その45年前にも八雲事件という約２０００人の被害者を出す食中毒事件を起こしていた。この八雲事件は、工場で脱脂粉乳を製造中に停電となったせいで、長時間滞留した原料乳の中で黄色ブドウ球菌が繁殖したというものであり、驚くべきことだが、平成12年のケースとまったく同じ態様である。まさしく、過去の失敗経験を忘れたことが、雪印の破局につながったと言えよう。

「災害は忘れた頃にやってくる」というのは寺田寅彦の有名な警句だが、どうやら「災害」を「事故」や「失敗」に置き換えることも可能であるようだ。リスク・マネジャーにとっては、危機感を着実に麻痺させていく「忘却」と戦うことが、最初の、そして永遠の課題である。

コロンビア号事故はロシアン・ルーレット

「忘却」と並んで、危機感を麻痺させる要素が「慣れ」である。人間とは環境への適応力が極めて高い生き物だが、危機的な状況にもいつの間にか順応し、その存在を意識しなくなるものだ。

危機が発生し得る状態でも、それが現実化するには様々な偶発的要素が関係するため、実際に危機が起こる確率は決して高くない。例えば、堤防が20年に一度の大雨に耐えられない構造だとしよう。ということは、今年その堤防が決壊する確率は、数学的に見ればわずか5パーセントにすぎない。そして、その20年に一度の大雨に実際に遭遇するのは、明日のことかもしれないし、１００年後のことかもしれないのだ。

そのようなあやふやな話よりも、締め切りのはっきりした目先の案件の処理に心が奪われてしまうのは人間の性《さが》である。その結果、危機への対処はどんどん先送りされ、いつの間にか何年もの時間が経過する。そうなると、今度は「これまで何年間も大丈夫だったのだから、これからも……」という心理に関係者が陥《おちい》ってしまう。危険と同居している状態に慣れ、それを「日常」と受けとめるようになるのだ。その典型が、スペースシャトルのコロンビア号の空中分解事故である。

2003年2月、コロンビア号が大気圏に再突入した際に空中分解し、7人の宇宙飛行士が亡くなるという大事故が発生した。スペースシャトル計画としては、1986年のチャレンジャー号の爆発に続く2度目の悲劇である。

宇宙空間でのシャトルは秒速7・8キロもの高速で飛行しているため、再突入時には大気との摩擦により激しい熱衝撃を受ける。機体外壁の温度は低い場所でも約200度、高い場所では約1600度と溶鉱炉並みの高熱となる。その高熱から機体を保護するために、シャトルの外壁には耐熱タイルがびっしりと貼り付けられている。

本件事故の原因は、打ち上げの際に燃料タンクから剥離《はくり》した断熱材の破片が機体に衝突し、機体表面の耐熱タイルに亀裂が入ったことだった。不幸なことに、その箇所は大気圏突入時に最も高温となる主翼先端部だったため、この亀裂部から高熱が機体内部に侵入し、コロンビア号を破壊してしまったものである。

この事故では、断熱材が機体に衝突した事実は、打ち上げ直後に確認されていた。しかし、NASA関係者はこのような大惨事になるとは意識せず、特段の対策を取らなかった。実は、81年のスペースシャトルの初飛行以来、燃料タンクから剥《は》がれた断熱材や氷片により機体表面に傷がつくことが「当たり前」となっていたのである。過去の検査記録によると、1回の飛行につき1インチ以上の窪《くぼ》みが平均31個も生じていたという。

スペースシャトルが設計された段階では、シャトルの上昇時にはいかなる剥脱物も出してはならないと規定されていた。しかし、初飛行の時から断熱材の剥離が続き、その一方で、それが原因となった事故はそれまで1件も発生していなかった。そのため、NASA関係者は、いつしか断熱材の剥離を「ありがちな話」と考え、その危険性を看過《かんか》するようになってしまったのである。

過去20年間に同種の事故が発生していなかった事実が示すように、断熱材の衝突が大事故に結び付く確率が非常に小さかったことは間違いない。しかし、「確率が小さい」とは、「確率がゼロ」とイコールではない。何度も繰り返していれば、いずれは大凶の目が出ることになる。その意味では、このケースは「いつ起きたとしても不思議ではない事故」だった。

ロシアン・ルーレットというゲームがある。リボルバー拳銃には、蓮根《れんこん》のように6個の穴が開いた円筒形の弾倉が付いているが、この弾倉に弾丸を1発だけ入れ、それがどの位置にあるかわからなくした上で、自分の頭に当てて引き金を引く。弾丸が発射されなければ、対戦相手がその拳銃を手にとって、同じように引き金を引く。いずれは弾丸が発射されてどちらかが死亡し、ゲームオーバーとなる。

危険性に慣れてしまって、断熱材衝突の問題を放置していたNASAは、このロシアン・ルーレットを一人で続けていたようなものだ。その意味で、関係者の危機感を麻痺させていた「慣れ」こそが、コロンビア号事故の本当の原因と言えるのである。

第二節　安全対策の磨耗

～些細《ささい》な違反も積もれば山となる～

「舟、人を待たず。人、舟を待つ」

今は亡き私の祖父には、一風変わった習慣があった。新幹線に乗る際、指定席券をあらかじめ購入しているのに、発車時刻の2時間以上も前から駅に到着し、ホームのベンチに座って待っているのである。

子供心に不思議に思った私が尋ねたところ、祖父の返答は、「舟、人を待たず。人、舟を待つ」というものだった。直訳すれば、「(出発時刻の決まっている) 舟は乗客を待ってはくれない。だから乗客のほうが (早めに出向いて) 舟を待たなければならない」という趣旨になろう。祖父はかつて旧海軍の将官であったが、この習慣もその頃に身につけたようだ。

その時の私は、まだ子供ということもあって、祖父の説明に怪訝《けげん》な顔をしていたと思う。しかしその数年後、実話を題材とした吉村昭氏の小説『帰艦セズ』を読んで慄然《りつぜん》とした。太平洋戦争最中《さなか》の昭和19年、小樽港で一人の水兵が帰艦時刻に遅れ、乗艦は出港してしまった。

その水兵は処罰を受けることを怖れて山中に逃亡し、ついに餓死したというストーリーである。

考えてみれば、臨戦状態を常に想定した組織である軍隊では、時間の厳守が最も重要な要素であることは間違いない。そのために祖父は、そしておそらくはすべての海軍軍人が、時間的余裕を十分に見込んで行動する習慣を骨の髄まで叩き込まれていたのだろう。

その孫の私はといえば、いつも遅刻寸前で走り回っている。祖父の教えを頭で理解していることと、それを実践することには大きな隔《へだ》たりがあるものらしい。

今日は学会への出席なので1時間遅く家を出ればよいとしよう。普段通り起床して身支度を済ませれば、余裕綽々《しゃくしゃく》でゆっくりコーヒーも飲めるはずだ。しかし「今朝は時間があるから」と蒲団《ふとん》の中でのたりのたりして、無為に時間を食いつぶしてしまう。そして最後は、ギリギリになってから慌てて家をとび出す始末となる。

実は、作業現場の安全管理の面でも、本来あるはずの「余裕」がいつの間にか削り取られ、危険な状況が剥《む》き出しとなっているケースが散見されるのである。

日々業務に追われている現場では、「このままでは納期に間に合わない」「人繰りがつかなくてマニュアル通りの人員配置ができない」といったトラブルがつきものだ。そのような時、当座の方便として、「ほんの少しくらいは構わないだろう」と安全基準を超過したり、安全対策の一部を無視したりする誘惑に駆られるのは無理もない。

もともと作業規則の中には、安全面への配慮が十分すぎるほど盛り込まれているものだ。特に危険物を取り扱うような職場では、多重防護という発想から安全対策が重層的に施されている。たとえ対策の一つや二つが機能しなくても、別の安全装置によって安全が担保されるシステムである。したがって、少しばかりの規則違反を犯したところで、すぐに事故が発生するというわけではない。

問題は、この手抜き状態がすぐに「日常」として定着してしまうことだ。そうしているうちに、第2の安全規則違反が行われ、それが新たな「日常」となる。そして、いずれ第3の規則違反が……。かくして安全対策は時間の経過とともに少しずつ磨耗し、最後は中身が虚《うろ》と化してしまうのである。その典型例がＪＣＯの臨界事故だ。

ＪＣＯ臨界事故の真相

平成11年9月、茨城県東海村の核燃料加工会社ＪＣＯにおいて、ウラン溶液を製造する作業中に臨界事故（連鎖的な核分裂反応が起きる事故）が発生し、周囲に放出された中性子線などに439人が被曝《ひばく》、うち作業員2人が放射線症により死亡した。この事故は、国際評価尺度で「レベル4」と認定され、日本における最悪の原子力事故と位置付けられている。

非常にリスクの高い核物質を取り扱う原子力関係施設では、行政機関の厳しい審査のもとに何段階もの安全措置が施されている。もちろんJCOもその例外ではなかった。JCOが科学技術庁から許可を受けていた作業手順は、

①溶解塔において原料のウラン粉末を溶解する（溶解工程）
②溶液を濾過《ろか》して不純物を取り除いた上で貯塔に貯留する（濾過工程）
③溶液を沈殿槽に移して沈殿させて、ウラン粉末を精製する（沈殿工程）
④精製ウラン粉末を再び溶解塔において溶解し、ウラン溶液を製造する（再溶解工程）

の4段階である。

少し専門的な話になるが、臨界事故を防止するための安全対策は、質量制限と形状制限の2つに大別される。一定以上の質量がなければ絶対に臨界が起きないというウランの性質を利用して、作業の全工程で一度に取り扱うウランの量を、この臨界質量以下の分量（1バッチ）に抑える対策が質量制限である。もう一つの形状制限とは、ウランを収納する容器を特殊な形状にすることにより臨界を防止する対策であり、溶解塔と貯棟がこの形状制限に従っ

てデザインされていた。

この作業手順通りに作業が実施されていれば、臨界事故が発生することは絶対にあり得ない。それにもかかわらず本件事故が生起したのは、ＪＣＯの現場で実際に行われていた作業が、以下の計6回にわたる違法な工程変更により、本来の作業手順から大きく逸脱していたためである。

・**第1の工程変更**（質量制限の劣化）　昭和60年8月の第3次操業において、溶解、濾過、沈殿の各段階で同時並行的に作業を進める複数バッチ運用が開始された。本来の作業手順では全工程を通じて1バッチのウランしか取り扱えないが、それだとある工程で作業が進められている間は他の工程が遊休状態となり、作業効率が極めて悪くなるためである。

個々の工程で取り扱われているウランは1バッチとされたので、この変更により臨界事故が発生するおそれはない。しかし、作業現場全体としてみれば、臨界質量を超えるウランが同時に処理されている形となり、質量制限対策の一部が破られてしまったことになる。

・**第2の工程変更**（安全審査を受けていない製造工程の出現）　昭和61年11月の第4次操業において、顧客である核燃サイクル機構側から、ウラン溶液のサンプル検査が簡単に済むようにしてほしいとの要望がなされた。そのため、ＪＣＯでは製造したウラン溶液を混合し、10本の格納容器の成分をすべて均《ひと》しくする「混合均一化工程」を作業の最終段階に追加した。

この工程は、科学技術庁の安全審査を受けずに独自の判断で加えたものだ。バッチ単位でウラン溶液を10等分し、格納容器の中で混合するクロスブレンド法を採用したので、臨界事故が発生する危険性はなかった。それでも混合均一化工程に臨界質量を超えるウランが集中したことにより、質量制限対策がさらに侵食される結果となった。

・**第3の工程変更**（形状制限の劣化）　平成5年1月の第6次操業において、後にJCOの杜撰《ずさん》さを示す象徴となったステンレス製バケツの使用が始まった。正規の作業工程では溶解工程と再溶解工程の2回にわたって溶解塔を使用することとされていたが、この溶解塔の洗浄に時間がかかることが作業上のボトルネックとなっていた。そのため、再溶解工程では取り扱いが簡単なバケツを使用することが考案されたものだ。

このバケツの容量は小さいため、ウラン溶液を満杯まで注いでも、臨界が発生するおそれはない。ただし、形状制限のデザインがなされていた溶解塔を作業工程から外した結果、形状制限対策の一部が破られることとなった。

・**第4の工程変更**（形状制限のさらなる劣化）　平成7年10月の第7次操業において、再溶解工程だけでなく溶解工程でもステンレス製バケツの使用が開始された。担当者が前任者から作業要領の引き継ぎを受けた時に誤解が生じたためであるが、それがスムーズに受け入れられたのは、やはりバケツのほうが簡便であるからだ。この変更により、形状制限対策はさらに大きなダメージを受けることになった。

・**第5の工程変更**（質量制限の崩壊）　同じく第7次操業において、混合均一化工程で貯塔に複数バッチの溶液を注入し、一度に撹拌《かくはん》する運用が開始された。これまでのクロスブレンド法では作業に時間がかかるためである。この変更によって臨界質量を超過するウランが貯塔に集中する形となり、質量制限対策は完全に崩壊した。ただし、この貯塔には臨界を防止するための形状制限がなされていたので、臨界事故が発生する可能性はなかった。

・**第6の工程変更**（形状制限の崩壊）　平成11年9月の第9次操業において、形状制限対策がなされていない沈殿槽を使用して混合均一化作業を実施することが提案された。それまで使用していた貯塔の形状が細長く、撹拌には不向きだったためである。この変更により安全対策の最後の砦が崩れ、7バッチのウラン溶液が沈殿槽に注入された段階で本件事故が発生した。

改善と改悪は紙一重

臨界事故が発生した直接の原因は、第６の工程変更の結果、形状制限のなされていない沈殿槽に多量のウラン溶液が注入されたことである。しかし、それまでの度重なる工程変更により重層的な安全管理対策が次々と削《そ》ぎ落とされ、薄皮一枚を残すだけとなっていたことを軽視してはならない。

"The last straw breaks the camel's back."という諺《ことわざ》がある。「ラクダの背中にぎりぎりまで荷を積んでしまうと、最後に藁《わら》１本を追加しただけでラクダの背骨がへし折れてしまう」という意味だ。第６の工程変更は、安全管理対策の最後の一層を破った"the last straw"にすぎない。本件事故の要因を分析する際には、６回の工程変更を一体のものとして考えることが必要である。

注目すべき点は、第２を除く他の工程変更は、すべて「作業の効率化」のために行われた業務改善活動であったことだ。また、第２の工程変更も「顧客ニーズへの対応」が目的であり、広い意味での業務改善活動の一環と整理できる。つまり、安全の軽視は「原因」ではなく、あくまで業務改善を追及した「結果」にすぎない。

基本的に安全対策は効率性とは無縁であり、むしろ「面倒くさい」ものだ。５段階の安全対策が施されていれば、「面倒くさい」の5乗である。やらなくても済むものならやりたくないという心理が現場に生じるのは無理もない。

しかも、マニュアル遵守《じゅんしゅ》が基本とされる欧米と異なり、日本では、QCサークル活動のように現場の創意工夫が尊重される風土が存在する。そのため、作業能率の悪い職場環境であれば、何らかの形で効率化を図ろうとするインセンティヴが現場に生じやすい。その行き着くところが、世界に冠たるトヨタ自動車の生産ラインとなる場合もあれば、JCOのように安全対策の破綻《はたん》につながる場合もあり得る。その意味では、改善と改悪は鏡の裏表である。

現場レベルでの安全管理システムの改悪を防ぐためには、日頃の作業監督をみっちり実施するしかない。特に作業能率が非常に悪い部署については、現場の創意工夫の結果として、安全対策がなし崩しにされる危険性が常に存在すると留意すべきだ。

最近は色々と言われているが、それでも日本人従業員の質は非常に高い。無理難題でもやりくりして何とかこなしてしまう優《すぐ》れものだ。この有能な現場に上司が甘えて、「それでは後を頼む」と丸投げする傾向が一般的に認められる。それで上手く組織が動いているケースのほうがむしろ通例かもしれない。

しかし、現場はあくまで現場である。その知識は基本的に経験の範囲内に限られ、これを逆に言えば、経験のないことはよくわからない。その結果、気付かぬうちに大変な事態になっていたということになりかねないのだ。ＪＣＯのケースでも、作業担当者は核分裂の基本メカニズムをあまり理解していなかったことが、後日の調査で明らかにされている。現場を尊重するのは大切だが、現場の「限界」についても意識すべきだろう。

また、ＪＣＯのケースでは、安全対策が十分すぎるほどに整備されていたことが、却《かえ》って安全軽視につながった面も看過できない。少しくらい作業手順に違背《いはい》しても、安全面ではまだまだ余裕があるから大丈夫という心理状態に関係者が陥り、効率性のために安全性を犠牲にするトレードオフを自己正当化していたのである。

この点については、本件の事故調査委員会の報告でも、「制限値については、その設定に当たって合理的な安全余裕を見込むことは当然であるものの、それが過大である場合には、逆に、制限値を守ることに関する作業員の緊張感を減退させる可能性もあることを念頭においておくべきである」と指摘している。

システムに十分な余裕を見込んでおくことは、リスク管理の上で非常に有用な対策である。しかし、その余裕が必要以上に設定されていると、やがて関係者はそれを当てにして行動パターンを変化させるようになり、そのことが新たなリスクを招来する。リスク管理システムを構築するに当たっては、人間や組織を静的にとらえるのではなく、状況に応じて行動を変化させる動的な存在として検討する視点が重要である。

「スペシャルクルー」という名の雑用係

基本的に安全対策とは非効率的なものだが、最新の機材を整備すれば、効率性と安全性の両立も決して不可能ではない。しかし、今度はコスト面で採算が取れなくなる。ＪＣＯのケースもまさにそれだった。

ＪＣＯの主力製品は軽水炉用のウラン燃料であり、その製造現場は専用の自動化された設備を有していた。これに対して問題のウラン溶液は、研究施設の機器を転用して製造されていた。あくまで転用にすぎないので、専用設備と比べて使い勝手が悪いのは当たり前である。

さらに言えば、ウラン溶液の製造に従事していた職員も、転用勤務であった。ＪＣＯの製造部門には、４つの作業班とスペシャルクルーが配置されていた。作業班はウラン燃料の製造に従事し、スペシャルクルーは、ボイラーやコンプレッサーの運転、排水・固体廃棄物の処理、ウラン輸送容器の点検等の補助業務を担当していた。スペシャルクルーという名称は格好良いが、その実態は事業所内の雑用係である。このスペシャルクルーがウラン溶液を製造していたのだ。

ウラン溶液の受注は、昭和61年以来14年間にわずか5回だけだった。しかも、その売上金額は全体の2パーセント程度にすぎなかった。そのため、JCOでは専門の要員を確保せず、受注した際にはスペシャルクルーに臨時に製造を担当させていたのである。ウラン溶液の製造設備を敢えて導入しなかったのもそのためだ。

経営的に見れば、しごく当然の判断である。ウラン溶液は、JCOにしてみれば「傍流」の製品にすぎない。それを社内の「傍流」であるスペシャルクルーに担当させたというわけだ。しかし現実には、このような「傍流」部署で事故が発生するケースが非常に多いのである。その原因としては、

・経営者が関心を持っていないために監督が行き届かない
・主力部門が引き受けたがらない不利な業務を押し付けられる
・組織内の優秀な人材が主力部門に独占されている
・非定常的な業務が多く、ノウハウの蓄積が困難である
・担当者の発言権が弱く、業務上の問題点を指摘しにくい

などの理由が挙げられる。

ＪＣＯの場合も、スペシャルクルーは明らかにしわ寄せを受けていた。本来の担当である雑用業務では、わずか5人で24時間の3交代制勤務を余儀なくされていた。この日常作業をこなしながら、さらにプラスアルファとしてウラン溶液製造を要求されたことになる。この過重な負担が、作業の効率化を求める強いインセンティヴとなったことは疑問の余地がない。

さらに、5人のクルーの中には、過去にウラン溶液の製造作業に従事した経験を持つ職員は一人も配置されていなかった。前回この作業を実施したのが3年前であることを考えると、やむを得ない面もあるが、臨界事故の可能性がある作業を未経験者だけにやらせるのは問題である。会社側が人事配置を決定する際に、「傍流」のウラン溶液製造の件まで頭が回らなかったのだろう。

作業監督の面でも、「傍流」の作業にはまったく注意が払われていなかった。製造現場である研究施設に管理職や安全管理担当者が全然出向いていなかったことが、事後の調査で明らかになっている。このような「傍流」作業の軽視が、安全対策の劣化を助長したと考えられる。

実は、過去の原子力関係の事故でも、組織全体から見れば「傍流」に当たる箇所で発生したケースが散見される。高速増殖炉「もんじゅ」のナトリウム漏出事故は、温度計の鞘《さや》管が設計ミスで折損したことが原因だった。旧動燃東海再処理工場の火災・爆発事故は、再処理工場の中では位置付けが最も低いアスファルト固化施設で発生している。

また、一般の産業事故においても、経済産業省の「産業事故調査結果の中間取りまとめ」によると、死傷者の約半数は、主工程以外の周辺業務を担当していた子会社・下請会社の従業員ということである。事故防止の観点から見た場合、日頃軽視されている「傍流」の職場こそ最も注意すべきポイントと考えられるのだ。

第三節　アウトソーシングの陥穽《かんせい》

～責任なければ無責任～

クロネコメール未配達事件

私は、黒猫マークで知られるヤマト運輸に対し、かねがね強い感謝の念を抱いている。ヤマト運輸の努力のお陰で、我々の日常生活が素晴らしく便利なものになったという実感があるからだ。

今の若い人たちには信じられないことかもしれないが、私の少年時代には宅配便というシステムが存在しなかった。郵便局では軽い荷物しか扱ってくれないので、段ボール箱サイズの荷を送る場合には旧国鉄を利用するしかなかった。しかし、そのサービスはまことにお粗末なものだった。発送人も受取人も駅の集配所までわざわざ出向かなければならない上に、当時の国鉄は、まさに「親方日の丸」を体現した非効率の極致であり、荷物の到着まで2、3週間かかることさえ珍しくなかった。

特に荷が集中する年末の時期は、それは大変な状態だった。集配所の中は、手荒な取り扱いで壊れた箱の中から品物がはみ出していたり、時間がかかりすぎて腐った果物の液汁がだらだらと垂れ落ちていたりと、野戦病院さながらの様相を呈していた。祖父が送ってくれた蜜柑箱がボロボロになって届き、その中から食べられそうな蜜柑だけを母と一緒に選り分けて持ち帰ったことを、今でもよく覚えている。

ヤマト運輸が宅配便サービスを開始したことにより、状況は劇的に改善された。玄関先まで荷物がきちんと届けられることが当たり前の時代になったのである。その後もヤマト運輸は、スキー・ゴルフ便、クール便、時間指定配達などの新しいサービスを次々と導入して先《せん》鞭《べん》をつけ、これに引っ張られる形で、運輸業界はもちろんのこと、郵便関係のサービスも大きく様変わりした。消費者の立場からすれば、ヤマト運輸様々と言えよう。

そのヤマト運輸が、平成16年に大きな不祥事に揺れた。11の事業所で約7000通のメール便が未配達となっていた事案が発覚したのである。

この未配達のメール便のほとんどは、クロネコメイトと呼ばれるアルバイトが配達できずに持ち帰り、そのまま自宅などに隠匿していたものだ。ヤマト運輸では、社員であるセールスドライバーの約5万3000人に対し、クロネコメイトの人数は約4万人に達し、特にメール便の関係では、このクロネコメイトが中心となって配達を実施していた。

ヤマト運輸は、コストの削減と配達員の確保のために、アルバイトへの依存度を高めていたようだ。しかし、配達という仕事は、個々の配達員が事業所外で行うので、その業務内容をチェックすることは極めて困難である。そして、価値観の共有や業務に対する責任感などの面で、アルバイトと正社員を同列に論じられないのは当然だ。ヤマト運輸側にその辺りの認識が不足していたことが、この事件の背景と言えよう。

ただし、このケースを対岸の火事と見るわけにはいかない。アルバイトの活用とは、要するに人材のアウトソーシングのことだが、ある程度のアウトソーシングはどこの企業でも行っている。特に最近では、経費削減を至上課題に掲げて、アウトソーシングの比率を急激に高めている企業が少なくない。このアウトソーシングに内在する問題を示す好個の事例として、美浜原子力発電所の配管破損事故を紹介することにしよう。

アウトソーシングが引き起こした美浜原発事故

平成16年8月、福井県美浜町の関西電力美浜発電所3号機において、2次系冷却水の配管が破損する事故が発生した。この破損箇所から約900トンもの高温蒸気が流出し、付近で作業中の下請け作業員11人が被災、うち5人が死亡している。

その後の調査で、破損した配管にはエロージョン／コロージョン（機械的作用による壊食《かいしょく》と化学的作用による腐食の相互作用）による減肉《げんにく》（肉厚の減少）が進行していたことが明らかになった。技術基準上はこの配管に4・7ミリ以上の肉厚が必要とされているが、最も薄い部分では0・4ミリまで磨り減っていた。そのために配管の強度が不足し、運転時の内圧で破裂したものである。

このような事故が科学的に予見できなかったわけではない。この破損箇所は、偏流による減肉が生じやすいオリフィス（流量を測定するために管内に設置するドーナツ状の薄板）の下流部であり、温度的にもエロージョン／コロージョンが発生しやすい140度前後であった。事故後に行われた計算でも、破損箇所の減肉の進み具合は、過去の運転経験や実験データにより蓄積された知見の範囲内であることが確認されている。

それにもかかわらず本件事故が生起したのは、当該箇所が肝心の点検リストから漏れていたことが原因である。この登録漏れの経緯は次のようなものだった。

・点検リストの作成（平成2～3年）　関西電力から点検業務を受託した三菱重工が点検箇所のリストを作成したが、その際に全11基のプラントで計42箇所（うち美浜3号機関連では3箇所）の登録漏れが発生した

・点検リストの修整Ⅰ（平成3〜9年）　三菱重工では、点検リストの登録漏れを発見するたびにリストに追加する作業を行った

・J社への業務移管（平成9年）　関西電力では子会社のJ社に点検業務を移管することを決め、三菱重工の作成した点検リスト（この時点で計32箇所の登録漏れが残存）をJ社に引き渡した

・点検リストの修整Ⅱ「（平成9〜14年）　J社では、三菱重工と同様に、登録漏れを発見するたびに点検リストへの追加作業を行った

・N社の情報提供（平成9〜14年）　J社は三菱重工の子会社N社と契約を結んで配管関係のトラブル情報を入手し、オリフィス下流部の減肉事例についても計4回の情報提供を受けていたが、特段の対策を実施しなかった

・本件登録漏れの発見（平成15年）　J社では、平成15年4月に本件事故箇所の登録漏れを発見し、点検リストに追加登録した。しかし、実際の点検作業は翌年の定期検査時に持ち越され、その直前に本件事故が生起した

点検リストの作成段階で登録漏れが発生したのは、作業担当者のケアレスミスが原因である。当時、三菱重工では、多数の原発プラントの点検計画を同時並行的に見直し、約1年半

にわたって計6万3000箇所をリストアップしていた。この膨大かつ単調な作業を一人の担当者で実施した上に、他の業務とも時期が重なって繁忙であったため、ケアレスミスによる登録漏れが発生するのは、ある意味で不可避だったと言えよう。

問題は、点検リストの作成から事故発生までの十数年間、この登録漏れが解消されなかったことである。

前述のように登録漏れはたびたび発見されていたが、これは点検リストを抜本的に見直す機会でもあった。その機会を活かせなかった最大の原因は、点検業務のアウトソーシング先である三菱重工やJ社の側に危機感が不足していたことだ。配管事故では小規模な噴出がまず発生するのが通例であり、本件のように大きな破孔が突然生じるケースは極めて稀《まれ》だったため、登録漏れを重大事とは受けとめていなかったのである。そして、この危機感の欠如に輪を掛けたのが、関係者の間で情報や認識がなかなか共有されないというアウトソーシング特有の問題だった。

「危険信号」はなぜ埋没したか

三菱重工やJ社では、点検箇所の登録漏れを発見した場合でも、淡々とリストに追加するだけで、ただ1件の例外を除き、関西電力側には報告しなかった。ただし、登録漏れの事実を殊更《ことさら》に隠蔽《いんぺい》しようとしたわけでもない。定期点検のたびに関西電力に提出される点検計画書にはリストの追加部分に注記が付されており、関西電力側がそれに目を通していれば、登録漏れの把握は容易であった。

要するに、「情報を隠したりはしないが、登録漏れを積極的に説明しない」というアウトソーシング先と、「計画書は受け取るが、その内容を積極的に確認しない」という関西電力との間に、登録漏れという「危険信号」が埋没してしまっていたのである。

この情報のギャップが生じた理由として、関西電力が三菱重工やJ社と結んでいた契約には登録漏れに関する報告義務が特に規定されていなかった点が指摘されている。しかし、それがすべてではあるまい。契約書に特段の規定がなくても、情報の連絡が不可能なわけではないからだ。

本件の登録漏れのように、そもそも正規の報告プロセスでは想定されていない情報については、担当者同士の人的な交流を通じて連絡されるのが通例である。しかし、本事件については、関西電力が作成した報告書の中には、「当社社員と協力会社社員との接触が少なく、常日頃から親近感を持ったコミュニケーションが不十分であった」との記述が認められる。おそらく担当者間のインターフェイスが不足し、形式的な情報交換しかなされていなかったのだろう。

この意思疎通の不足は、J社と三菱重工及びその子会社N社との間でも同様だった。三菱重工では、同社が引き続き点検業務を担当した他の電力会社の原発については点検箇所の見直しを逐次進め、本件事故が発生するまでにすべての登録漏れを解消していた。これに対して、J社が担当した関西電力のプラントでは依然として15箇所の登録漏れが残存し、相当に後れをとっていたのである。

前述のように、J社はN社と契約を結び、配管関係のトラブル情報を入手していた。問題のオリフィス下流部についての減肉情報もN社から計4回提供を受け、その中には本件事故箇所と同一部位に減肉が発見されたケースも含まれていた。この情報に基づいて美浜原発プラントに対する再確認作業を実施していれば、本件登録漏れを発見できた可能性が高かったが、J社は特段の対応を取らなかった。

その理由は、N社側が「減肉情報を提供したのだから、その情報を今後どのように活用するかはJ社が考えるべきことだ」と突き放す一方で、J社側では「もしも重大な案件であれば、(N社の親会社である)三菱重工が特別に指導してくれるだろう」と誤解していたためだ。

関西電力がＪ社に点検業務を移管した一件について、仕事を奪われた三菱重工側は面白くなかったに違いない。そのため、以後のＪ社との関係において、三菱重工及びＮ社は、ビジネスライクに徹しようとしていたのではないだろうか。しかしＪ社の側では、三菱重工が手取り足取り指導してくれるものと安易な期待を抱いていた。その結果、減肉情報の受けとめ方について、両者の間で大きな認識のギャップが生まれたのである。

アウトソーシング先への丸投げ

業務をアウトソーシングする以上、このように情報や認識のギャップが発生するのはある程度避けられないことだ。このギャップを埋める責任は誰にあるのか。もちろん、美浜発電所の事業者たる関西電力である。

原発プラントは土地の工作物と解されるため、その占有者である関西電力は、民法第717条に基づき、工作物の瑕疵《かし》による損害に対して無過失責任を負う立場にある。したがって、アウトソーシング先の過失の程度にかかわらず、関西電力は、道義的責任はもちろんのこと、法的責任も回避することはできない。ちなみに、製造物責任法においても同様の整理がなされており、例えばアウトソーシングした部品が被害原因となった場合、完成品の製造業者が賠償責任を負うとされている。

最終的に責任を取らされる以上、関西電力としては、アウトソーシングした点検業務についても監督を怠ることなく、関係者の間での情報や認識の共有に努めるべきであった。しかし実際には、三菱重工やJ社に点検業務を丸投げしていたようだ。

例えば関西電力では、三菱重工の作成した点検リストの内容をまったくチェックしていなかった。J社に点検業務を移管する際にも、問題の点検リストを右から左に手渡しただけである。発電所内の配管の位置は修繕や改造によって変化していくため、点検計画の立案には配管位置を示すスケルトン図を常に更新しておくことが必要になるが、関西電力では、このスケルトン図の管理もアウトソーシング先に任せきりだった。

平成9年には、関西電力の高浜発電所において、本件事故箇所と同一部位の登録漏れが発見された。この一件についてはJ社から報告がなされており、関西電力が登録漏れの事実を把握した唯一のケースである。しかし、この報告を受けても関西電力は何の対応も取らなかった。点検業務についてはJ社に任せておけばよいといった心理だったのだろう。関西電力側に事業者としての自覚が不足し、アウトソーシング先に安易に依存していた点は否めない。

ただし、これは必ずしも関西電力だけの問題ではない。この事故が発生するまでは、いずれの電力事業者も同様だったようだ。もともと原子力発電関連では、その事業内容の特殊性から電力会社と協力企業の関係が濃密である。平成14年の東京電力による原発トラブル隠蔽事件でも、検査を実施した日立製作所が東京電力の隠蔽工作に荷担していたほどだ。この業界には、微温湯《ぬるまゆ》的なもたれ合いが生じやすい体質が存在すると見るべきだろう。

近年、様々な業種でアウトソーシングが進展しているが、本件の教訓が示すように、アウトソーシングに伴うリスクの存在を忘却してはならない。もちろん、外注分野で必ずトラブルが発生するというわけではなく、例えば自動車産業では部品の相当部分を下請け企業から調達しているが、徹底した品質管理が実践されている。

問題は、「アウトソーシングしたからといって、そのリスクまで一緒に外注先に押し付けることはできない」という当然の事実が認識されているかどうかだ。アウトソーシングに伴うリスクの構造を十分に理解した上で、それを封じ込めるための予防策を整備し、また、野放図なアウトソーシングの拡大を避けることが必要とされているのである。

第3章

行き過ぎた効率化

第一節　コスト削減のしわ寄せ

～いつも犠牲にされるのは安全性～

疎《おろそ》かにされる安全管理

とかく日本では、「縁の下の力持ち」的な業務は軽視されがちである。かつての旧日本陸軍でも、「輜重輪卒《しちようゆそつ》が兵隊ならば、蝶々蜻蛉《とんぼ》も鳥のうち」と補給部隊のことを嘲《あざけ》る戯《ざ》れ歌があった。しかし、このように補給面を軽視した結果として、太平洋戦争では、インパール作戦に見られるように、物資欠乏により多くの将兵が餓えに斃《たお》れる惨状が続出した。現代の日本企業において、非常に重要な職務であるにもかかわらず、この「輜重輪卒」なみに扱われているのが安全管理部門である。

近年、日本各地で産業事故が頻発している。その原因として指摘されているのが、バブル崩壊後の長引く不況下で進められたコスト削減の影響だ。経営の効率化のために無駄な経費を省くことは当然だが、現実には、「前年度よりも○パーセント経費を削減せよ」とトップが大号令をかけ、目標数値が一人歩きしているケースが珍しくない。この数字の帳尻合わせのために、真っ先に槍玉に挙げられるのが安全管理部門というわけだ。

財務担当の立場としては、社内で経費を削りやすい部署とそうでない部署がある。最も手を出しにくいのは、会社の主力業務部門である。例えば一般の工場であれば、メイン商品の製造ラインということになろう。このような部署の経費を必要以上に削減すれば、すぐにアウトプットに響くことになる。また、社内における「花形」部門は組織内の政治力も強いので、「さわらぬ神に祟《たた》りなし」という対応になりがちだ。

それとは逆に経費を切り詰めやすく、しわ寄せの対象となるのが、問題の安全管理部門である。多くの作業現場では「安全第一」「安全最優先」などと書かれたパネルが柱に貼り付けてあるが、このようなお題目は、経費削減の大合唱の中で簡単に忘却されてしまうものだ。

もともと安全管理とは、利益を生みだす仕事ではない。また、関連経費を大幅に削減したとしても、すぐに事故が発生するわけではなく、問題が顕在化するのは数年後のことになる。そして何時《いつ》の時代にも、数年先の心配よりも、何とか今年の決算を乗り切りたいと考える経営者は決して少数派ではない。

さらに、安全管理部門の社内における立場は決して強くない。安全管理によってどのような事故が予防されたのかという「業績」を周囲に説明できないからだ。むしろ安全管理を真面目にやればやるほど業務的には非効率になるため、平素では社内の他部門から疎《うと》まれがちな存在だ。何らかの事故が顕在化（＝安全管理に失敗）しなければ、その重要性を理解してもらえないという皮肉な構造である。

そのような「傍流」の業務であるだけに、社内の出世頭が安全管理の担当に就《つ》くことはない。管理職も安全管理部門の専任ではなく、製造部門や検査部門の役職者が名目的に兼務しているだけで、実質的な安全管理責任者は係長クラスというケースが多い。当然、社内における発言権は極めて小さく、財務部門のコスト削減圧力に抵抗することは難しい。

安全管理関係の費用は、点検費や修繕費、さらに安全担当職員の人件費などから構成され、現場の創意工夫によって効率化できる余地が少ないという特徴がある。そのため、経費の削減は、定期検査の間隔を延ばす、部品交換を先送りにする、安全管理の職員数を減らすなどの形で、安全レベルの引き下げに直結することになる。

しかも、困ったことに財務部門はシーリングの発想で動いている。例えば、ある年度に5パーセントの経費削減を達成すれば、翌年度はそれを新たなベースラインにしてさらに5パーセントの削減を求めてくるものだ。その累積効果によって、数年のうちに現場の安全管理は大幅にレベルダウンし、やがてその歪《ゆが》みが限界に達して大事故が発生する。その典型的なケースが、ボパール化学工場の有毒物質流出事故である。

多重安全システムが機能しなかった、ボパール化学工場事故

ボパールは、インド中央部のマドヤ・プラデシュ州の州都である。1984年12月、ボパールの旧市街北側に位置するユニオン・カーバイド・インド社（UCIL）の農薬工場から猛毒のイソシアン酸メチル（MIC）ガスが流出した。この事故による死者は約3800人、被災者は約50万人に達し、化学工業史上最悪の惨事となった。

問題の工場は米国から製造設備を移転したもので、緊急時に備えて何重もの安全システムを備えていた。当時のインド産業界の水準から見ると、むしろ相当に高度な安全対策が施《ほどこ》されていたと言ってよい。しかし、同工場ではコスト削減のために熟練工が解雇され、機器の修理や保守点検は後回しにされていた。そのため、何段階もの安全対策が肝心の時に機能せず、大事故につながったものである。

事故の発端は、配管の洗浄作業中にMICの貯蔵タンク内に誤って水を流し込んだことだった。MICは水に触れると激しい化学反応を起こすので、作業規則では、洗浄の際にタンクに水が侵入しないように配管に遮蔽《しゃへい》板を挿入することとされていた。しかし、現場に熟練

工が不足していたため、この作業規則が守られていなかったらしい。

その後、貯蔵タンク内で化学反応が急速に進行した。タンク内に保管されていたＭＩＣには、製造段階のミスのために大量の不純物が含まれていたことが、反応を異常に加速させたと考えられている。反応熱でＭＩＣが気化して貯蔵タンク内は高圧となり、やがてバルブや圧力逃がし弁からＭＩＣガスの漏出が始まった。その報告を受けたオペレータは事態の重大性に気付き、安全システムを作動させようとした。しかし、次に示すように、いずれも空振りに終わったのである。

・貯蔵タンク内には冷却装置が装備されていたが、コスト削減により冷却液の購入を停止していたので作動せず、高熱により化学反応がさらに進行した

・緊急時にＭＩＣを汲み出すために用意されている予備タンクが、実際には空いていたにもかかわらず、容量計が故障して「満杯」を指していたため、汲み出しが実施されなかった

・工場にはＭＩＣガスを燃やす焼却塔が設置されていたが、この焼却塔に接続する配管が保守点検の遅れにより取り外されたままだった

・ＭＩＣに苛性ソーダ液を噴霧して無毒化する除害塔には問題がなかったが、本来は常時オンにされているはずの装置がオフにされていたため、作動するまでに貴重な時間を空費

した。
もはや事故を防ぐ手立てがなくなったことを知った工場従業員は、我勝ちに逃げ出した。しかし、ここで彼等は最も悲劇的なミスを犯した。近隣住民に対して緊急警報を出すのを忘れたのである。さらに運の悪いことに、事故が発生したのは深夜だった。漏出した大量のMICガスが工場周辺の貧民街に流れ込んで就寝中の市民を襲い、多数の犠牲者が発生する大惨事となったのである。ちなみに、工場従業員には一人の死者も出ていないという。

繰り返しになるが、多重の安全システムがいずれも機能しなかったのは、コスト削減のために安全管理が疎かになっていたためである。UCILでは、他社がより安全な農薬を開発したことで売上が急減し、84年には大幅な赤字の発生が見込まれていたことから、経費の切り詰めを進めていた。

作業員は次々とレイオフされ、配管や機械類の保守もなおざりにされたため、事故の3年前から小規模な漏洩《ろうえい》事故が3回も起こり、中には従業員が死亡したケースも含まれていた。ちなみに、大事故の引き金となった洗浄作業の担当者は、配置転換されたばかりで、ろくに安全教育を受けていなかったらしい。まさに、起こるべくして起きた事故だったとしか言いようがない。

なお、コスト削減の問題について、本件事故のもう一つの側面を指摘しておこう。事故の被害がこれほどまでに拡大したのは、有毒物質を扱う工場の敷地のすぐ脇に住宅街が広がっていたためだ。このような状況は、先進諸国では考えられないことである。

UCILは、米国の大手化学企業ユニオン・カーバイド社（現ダウ・ケミカル社）の子会社だった。近年、環境意識の高まりにより先進諸国では各種規制が厳しくなったため、危険物質取扱い施設の建設や維持が非常にコスト高になっている。おそらくユニオン・カーバイド社では、規制が緩いインドでは諸経費を削減できることに目を付けて工場を移転したのだろう。つまり、コスト削減の観点から敢えてリスクの高い工場立地を選択したということになる。

これは、何もユニオン・カーバイド社に限った話ではない。多くの企業が規制の緩い発展途上国に危険物質取扱い施設をシフトしているのが実態である。いつ第2、第3のボパール事故が起きても不思議ではないという危機感を関係者は持つべきだろう。

美浜原発事故の背景に存在する、修繕費の削減

読者の中には、ボパール事故はあくまで開発途上国のインドでの話、日本では安全管理が

そこまで軽視されることはないとお考えの方も少なくないのではないか。私もそう思いたいところだが、現実は甘くないようだ。第2章第三節のアウトソーシングの問題で取り上げた美浜原発事故は、安全管理部門の経費削減が事故の背景要因と考えられるのである。

関西電力が自ら策定していた管理指針では、肉厚の測定により余寿命（減肉《げんにく》の進行具合に基づいて計算された耐用年数）が2年以下と評価された配管については、取替計画を立案しなければならないと規定していた。しかし、関西電力ではこの取り替えを先送りしていたことが、事故調査の過程で発覚した。

事故調査委員会の発表によると、計算上の余寿命が1年未満というケースが78件も発見されたということだ。その中には余寿命0年以下、つまり配管が技術基準上必要とされる肉厚を満たしていないケースが46件も含まれていたのである。

管理指針に違反する先送りが実施された理由として、関西電力側では、配管の手配に時間がかかり、発電所の運転再開が遅延するおそれがあったと説明している。当時の関西電力では、原発運用の効率性を示す指標である設備利用率が80パーセントを超えていた。おそらく設備利用率の向上のために、定期検査期間の短縮が最優先された結果、配管の交換という基本的な安全管理が犠牲とされていたのだろう。

ただし全78件のうち、同一部位に対して複数回の先送りが行われたケースが11件も含まれている。この点については設備利用率の向上だけでは説明できない。定期検査の間隔は13カ月なので、たとえ運転の早期再開のために取り替えを一度見送ったとしても、その13カ月の間に交換用配管を調達できないはずがないからだ。

もちろん、関西電力ほどの大企業にすれば、配管の購入費など取るに足らない金額だ。とすると、俗な言い方になるが、配管の交換費用をケチったとしか考えられない。この推察を補強する材料となるのが、同社の修繕費の急減である。

関西電力の単独損益計算書によると、修繕費が平成11年の約3472億円から平成16年には約1858億円とほぼ半減し、費用全体に占める修繕費の比率も15・5パーセントから9・1パーセントに急落しているのだ。修繕費というコストは、本来的には金額の変化が少なく、固定費に近い性質を持つ。その修繕費がこれほど大きく減少するというのは通常では考えにくく、よほどの大鉈《おおなた》を振るったと見るべきであろう。

同じ5年間に、関西電力の営業利益は2982億円から3249億円へと上昇している。この増益分は、基本的に修繕費の削減によって達成されたと言っても過言ではない。このように関西電力側が修繕費を過度に削減したことによる安全管理機能の弱体化が、美浜原発事故の背景になったと推察されるのである。

近年、企業経営のレベルでも成果主義的な発想が広まり、前年度よりもいかに業績を上げるかという短期的な側面ばかりが強調される傾向がある。そして、前述したように、財務諸表の体裁を整えるには、安全関係のコストを切り詰めるのが早道だ。そのような誘惑に堪えて安全水準を維持するだけの見識を関係者が持ち合わせているかどうか、まさにそれこそが安全文化と呼ぶべきものだろう。

第二節　成果主義の病理

～性急な成果主義の導入が組織を蝕《むしば》む～

年功序列VS.成果主義

最近、ビジネスの世界では、日本企業の大きな特徴であった年功序列型の人事・給与制度に代わるべき経営方式として「成果主義」が注目を集めている。ちなみに、日本能率協会が平成16年末に実施したアンケートでは、回答企業の83・3パーセントが「成果主義的な人事制度を導入している」と回答している。

しかし、かつては年功序列制度こそが日本企業の強さの源泉であると唱えられていた。私はバブルがはじける直前の平成4年に米国に留学し、2年後に帰国したが、そのわずかな間に年功序列に対する見方が大きく変化していたことに驚いた記憶がある。

成果主義の導入を加速した契機が、バブル崩壊であったことは言うまでもない。しかし、バブル崩壊後も「勝ち組」として業績を上げていた日本企業が、挙《こぞ》って成果主義を掲げていたわけではない。例えばトヨタやキヤノンなどは、むしろ伝統的な日本型の経営スタイルに近いと言われている。その意味では、年功序列よりも成果主義のほうが先進的で優れているという説明は成り立たない。

そもそも企業側が年功序列制度を批判するのは、筋違いというものだ。日本社会に古くから年長者を敬う文化が存在するのは事実だが、少なくとも戦前の日本企業では、年功序列の給与体系は決して一般的ではなかった。このシステムが広まったのはむしろ戦後のことで、それも企業側が主導したのである。

当時、朝鮮戦争の特需がブースタとなって、日本経済が焼け跡の中から驚異的な経済成長を開始した。この頃の企業は急膨張を続けていたため、従業員の大半が新しく採用された若者だった。経営者は、その若手従業員の給与を低水準に据え置いて事業拡大に必要な投資資金を捻出《ねんしゅつ》する一方で、彼らに「夢」を与えることで組織に繋《つな》ぎ止めた。

その「夢」とは、「現在の給与は安いかもしれないが、この会社でずっと勤務していれば、いずれは高い給料と役職が手に入る」というものだった。要するに、年功序列システムとは、若手従業員に対して将来的に高い処遇を与えることを約束する代わりに、現時点の低い給料で我慢させるという暗黙の労働契約であった。

昭和末から平成バブルにかけて、多くの日本企業では、中高年従業員のために管理職ポストを盛んに増やした。これは、単に景気が良かったからというだけでなく、高度成長期に貢献した社員層に対して、約束通りに高処遇を与えることが求められていたためだ。

年功序列システムにおいては、従業員側は、転職などせずに一つの企業で働き続けたほうが得である。その意味で、年功序列の給与体系は、日本型労使関係のもう一つの特徴である終身雇用制度を生み出すことにもつながった。つまり年功序列も終身雇用も決して日本的な伝統ではなく、戦後に企業側が自らの利益のために構築したシステムだったのである。

近年、低成長化と経済のグローバル化に伴って企業間の競争が活発となり、日本企業としても、これまでの微温湯《ぬるまゆ》的な組織体質からの脱却が求められていることに議論の余地はない。しかし、各社が年功序列制度を相次いで廃棄した真の理由は、やはり人件費の抑制にあると見るべきだ。

80年代から90年代初めにかけてのバブル期には、多くの企業でかつてないほどの大量採用が実施され、この世代の社員層が社内でいびつに膨れ上がった。そして、バブル崩壊により経済成長が鈍化したにもかかわらず、「バブル採用組」に従来の年功序列制を適用すれば、いずれ人件費の急増や極端なポスト不足が発生することに企業側が気付いたのである。この問題を回避するための方便として、成果主義が利用されたわけだ。

その一方で、成果主義の効用として喧伝《けんでん》された業績向上という面では、期待に応えるだけの「成果」が上がっているだろうか。前述した日本能率協会の調査では、「成果主義の導入が、ビジネスの競争力や業務効率などに役立っているか」という質問に対し、従業員の29・5パーセントが否定的な回答をしており、肯定的回答の24・1パーセントを上回った。さらに、「成果主義の導入が社員の意欲向上につながっているか」という質問では、否定的回答の32・5パーセントに対し、肯定的回答は22・5パーセントという結果となっている。

現在はいわば過渡期であり、新制度導入に伴う初期的なトラブルが頻発することは避けられない。しかし、成果主義の導入が性急に進められた結果、組織内で深刻な適合不全が発生しているケースがあまりにも多いようだ。以下、成果主義によって引き起こされた様々な「症例」を分析していくこととしよう。

目標押し付け症

成果主義を導入した企業の多くでは、期初に設定した目標が期末時点でどの程度まで達成されたかを計測する形で個々人の業績評価を行っている。したがって、成果主義を上手く機能させるためには、この目標を的確に設定することが必要になる。これを逆に言えば、目標がきちんと設定されなければ、成果主義は単なる数字合わせに堕してしまうということだ。

成果主義における目標は、次のような順序で設定される。まず経営者が組織全体としての目標を立て、その全体目標が各部・各課へと順次ブレイクダウンされていく。最後に個々の社員に対して目標が割り当てられるが、その際には上司とその社員が面談し、個別の目標内容を協議するのが通例である。

その場合、最終的に決定された目標に対して、その社員が承服していることが大前提になる。与えられた目標に当人が納得していれば、それを達成しようとする意欲が湧くものだ。仮に達成できなかったとしても、低い評価を受けるのはやむを得ないと自らを戒め、不満を抱くことはないだろう。

しかし現実には、社員が決して受容できないような高度な目標を一方的に割り振る「**目標押し付け症**」の企業が少なくないようである。どう足掻《あが》いても達成できない目標を押し付けられた部下は、やる気が出るわけがない。むしろ、「どうせ達成できずにC評価になるなら、頑張っても無駄だ」と手抜きするだけである。無論、自分に対する低い評価に納得するはずもない。

目標押し付け症は、過度にトップダウン的な企業体質下において発生しやすい。経営者の見栄《みえ》や希望的観測により誇大な組織目標が提示される一方で、イエスマン揃いの役員会では誰もそれに反論しようとしない。この空想的な業績見込みに基づいて帳尻合わせが行われ、最終的に個々の社員レベルに実現不可能な目標数値が降りていくのである。

その一方で、ボトムアップ型で目標を設定する企業でも、別の形態の症例が発生しているようだ。それは、目標が容易に達成できるように、敢えて目標を低めに設定する「**目標下方設定症**」である。

成果主義の真価は、各社員の意欲を刺激し、その能力を引き出すことにある。したがって、目標を設定する際には、各自の現時点の実力よりも少し上に目標を掲げることが望ましい。しかし、社員の側からすれば、目標未達成の時のペナルティを怖れるあまり、できるだけ目標を低く抑えたいというインセンティヴが生じるのは自然なことだ。

一部の管理職が部下の懇望《こんもう》に妥協して安易な目標設定を許してしまえば、社員間に深刻な不公平感を醸成することになる。また、組織全体に目標下方設定症が蔓延《まんえん》すれば、会社の業績は上がらないのに誰もがA評価という評価のインフレ状態に陥る。かくして成果主義の基本とは正反対の悪平等が生じ、組織の浮沈を握る有能な社員はその期待を裏切られ、やがて見切りをつけて転職してしまうことだろう。

また、「前期実績値より○パーセント増」といった形で安直に目標を設定する企業では、別の形での目標下方設定症が誘発されやすい。この目標設定方式では、なまじ好業績を上げると、翌期以降は目標が高水準となって達成が困難になる。そのため、今期さらに業績を伸ばせる見込みがある場合でも、敢えてその取引を次期に回すことで、目標を低水準に抑え込んでしまうのである。

この件に関連して、一つ面白いエピソードを紹介しよう。某国にAという著名な重量挙げの選手がおり、次々と世界記録を更新して国民から英雄視されていた。ある時、その某国の体育協会関係者がお忍びで練習の視察に赴いたところ、Aが世界記録をはるかに上回るバーベルを持ち上げていたので仰天した。Aは実力をわざと小出しにして、世界記録を少しずつ更新することにより、様々な表彰や恩典を長期にわたって獲得していたのである。

総合評価濫用症

数値化された目標は、言い訳やごまかしがきかないというメリットがある。しかし、企業の業務活動は、必ずしも数値で計測できるものばかりではない。それにもかかわらず、成果主義を万能であるかのように思い込み、あらゆる部署に目標管理を適用しようとした企業では、次のような問題が発生している。
・各人が自己の目標達成に拘泥《こうでい》して、チームワークが損なわれる
・基礎研究のように成果が現れるまでに時間がかかる部門は、1年あるいは半期ベースの業績評価に馴染《なじ》まない
・目標が未達成になることを怖れ、新製品開発のようにリスクが高い業務には誰も手を出さなくなる
・赤字事業からの撤退などの「後ろ向き」の業務は目標となりにくいので、対応が先送りにされる
・想定外のトラブルや問題が起きた場合、責任の押し付け合いが発生する
これらに対する措置として、成果主義を導入した企業では、売上高などの目標数値のほかに、数字には現れにくい「勤務態度」「過程段階での努力」「同僚や組織全体に対する貢献度」などの面を加味した総合評価を行うのが通例である。しかし、総合評価の比重があまり大きすぎると、いくら目標を達成しても最終評価には結び付かなくなり、成果主義の長所を潰《つぶ》すことになる。

また、総合評価については明確な評価基準が存在せず、判定が「ブラックボックス」にな

っているケースが多い。そのため、総合評価を方便に用いて、上司が部下に不当な評価を押し付ける「**総合評価濫用症**」が発生している。

その典型は、「個々の目標は達成されたが、全体としての貢献度を考慮すると、君の総合評価は決して高くない」と言い渡すやり方だ。総合評価の内容は具体的でないだけに、部下としては反論のしようがない。しかし、このようなことが度重なれば、社員の間に組織に対する不信感が募るのは当然である。

さらに一部には、部下に対する好悪の感情に基づいて総合評価を歪曲《わいきょく》する上司も存在するようだ。例えば、高い実績を上げる社員は往々にして耳の痛い献策を行うものだが、それを嫌う上司が、総合評価権を濫用して低い評価しか与えないというケースがしばしば報道されている。

このような報道の多くは部下の側の主張に基づいており、上司にはそれなりの言い分があるはずだ。しかし、真偽はいずれにせよ、部下がそのような見方をしているのであれば、職場に与える負のインパクトは極めて大きいと言わざるをえない。有能な社員は嫌気がさして転職し、残った社員は上司に睨《にら》まれないようにイエスマンと化してしまうことだろう。

もともと日本では総合評価が中心であり、以上のような問題は昔から存在していた。しかし、成果主義の導入以前には、各社員は自分に対する評価を目にする機会がなく、また、評価の優劣がそれほど処遇に影響しなかったので、総合評価の短所が顕在化することが少なかったのである。

ちなみに、成果主義の本場である米国でも、建前とは裏腹に恣意《しい》的評価がまかり通ることが珍しくないようだ。そのため、部下は上司への追従《ついしょう》に神経をすり減らさざるを得ず、この状況を皮肉る俗語に"Brown Nose"という表現がある。まるで上司の尻に顔をくっつけるように媚《こ》びへつらうので、部下の鼻が上司の糞《くそ》で茶色くなるという意味である。

以上に示したのは個々のレベルの問題だが、総合評価濫用症が組織的に行われるケースも認められる。例えば、ある課長が人事課からA評価は課員数の20パーセントまでと申し渡されたとしよう。しかし実際に評価してみると、30パーセントの部下がA評価という結果になった。その場合、本来であればA評価を受けるはずの10パーセントの社員をB評価に落とすための口実として、総合評価が持ち出されるのである。

成果主義の基本からすれば、目標を達成した従業員は何人であろうとA評価を受けてしかるべきだ。しかし、目標下方設定症により達成者が異様に続出したり、あるいは社内の政治的駆け引きによりA評価の枠が不当に狭められたりすると、総合評価によって帳尻を合わせるという運用が行われることになるのである。

また、人件費の削減ばかりに経営側の関心が向けられる結果、給与を下げる方向にのみ成果主義を適用する「**一方通行症**」も見受けられる。その典型は、目標それ自体は設定されているが、それを達成すればこれだけの昇給につながるという基準が示されていないケースである。その結果、目標を下回ったら即減給となるが、逆に目標を達成してもなかなか昇給しないという一方通行になってしまうのである。

管理職不適応症

このように成果主義の問題点が次々と噴出していることから、早くも一部の識者やコンサルタントは、「成果主義は日本という風土には適さない」と方向転換を始めているようだ。しかし、わずかな試行期間で成果主義という新しいシステムを失敗と断ずるのは、あまりに性急にすぎる。いずれにしても年功序列を基本とする旧来の日本型システムはもはや限界であり、新しい組織運営を模索することが不可避となっているのだ。

既に一部の企業では、行き過ぎた成果主義を手直しする取り組みが様々な形で進められている。例えば高島屋では、個人目標だけでなく、売り場単位での目標達成度も評価材料に加え、チーム意識の向上に努めている。キヤノンや大日本印刷では、各社員の職務や職責を考慮して組織への貢献度を評価する「役割給」を導入した。ある意味で、従来の年功序列制と成果主義を折衷する動きと言えよう。

業績をベースとして当人の待遇を決定するという成果主義の柱の部分は、程度の差こそあれ、今後も維持されることは間違いない。今後は、成果主義の長所を活かしながら、それぞれの業態に適合した修正を進めていくべきであろう。

その場合に鍵となるのは、業績評価の公平性である。成果主義の下では、年功序列と違って評価がダイレクトに給与に反映されるので、部下が不満を持ちやすい。そのため、成果が公平に評価されていることを従業員に納得させるプロセスが重要になるのだ。

このプロセスは2段階に分けられる。その第1が、目標設定の段階で、「〇〇を△△にする成果を上げれば、××の評価（処遇）を与えることを約束する」と評価基準を明確化することだ。そして第2が、期末の段階において、「〇〇の達成度は▲▲だったので、評価は◇◇となった」と個々の目標がどの程度達成され、それが全体としてどのような評価に結び付いたかを説明する作業である。

特に後者はフィードバックとも呼ばれ、今期の評価に基づいて次期にはどのように仕事を進めるべきかについても相談することになる。部下の能力を引き出すという成果主義の長所を活かす上で、最も重要なプロセスである。

公平感を担保するためには、以上のプロセスを通じて上司が部下と直接面談し、納得がいくまで議論することが基本である。もちろん部下に対して一方的に理解を強要するのではなく、部下の意見もじっくりと聴取し、必要があれば適宜修整を加えていくことが当然に予定されていなければならない。しかし現実には、なかなか建前通りに進むものではないようだ。

評価基準をいかに具体的に作成したとしても、業務に関連するすべての事象を書き尽くすことなど無理である。さらに、その達成度の測定となると、上司と部下の間で見解の相違がある程度発生することは避けられない。しかも「隣の芝生は青い」という言葉があるように、人間という生き物は、常に他者のほうが恵まれていると不平を抱きがちだ。

「新しい酒は新しい皮袋に」

このように評価に対する公平感を確保するのはもともと困難なものだが、現実に発生している問題の多くは、もっと低次元の話である。評価責任者である管理職自身が成果主義を十分に理解していない「**管理職不適応症**」が散見されるのだ。

社内に成果主義が導入されても、部下の実績評価に当たる管理職が総入れ替えされるわけではなく、彼等の能力や気質も一朝一夕に変化するものではない。むしろ現時点の管理職の多くは、20年以上にわたって年功序列に馴染んでおり、ある意味で、年功序列に適応することでその地位を掴《つか》んだ者たちである。

相対的に安い給料に甘んじ、汗を流して現場を駆け回っている若手社員と比較すると、椅子にのんびり腰掛けながら判子《はんこ》を押すだけで高給をもらってきた管理職は、むしろ成果主義に最も縁の遠い存在であった。その彼等が評価責任者として成果主義の運営の核とされれば、問題が起きないほうが不思議である。

公平性を担保するプロセスでは、前述のように上司が部下に対して説明責任を果たすことがポイントになるが、日本の管理職の多くは、説明にも議論にも慣れていない。もともと日本には争いごとを避ける「和」の文化が存在する上に、職場の良好な雰囲気を保つことが管理の要諦《ようてい》とされてきた歴史がある。ニコニコ笑いながら「ご苦労様」と部下の肩をポンと叩く「ニコポン上司」こそ、かつては日本における理想の上司像とされていたのだ。

成果主義の下では、上司の側の説明力不足は、部下との深刻なコミュニケーション・ギャップに発展する。このギャップを埋めるために昔ながらの流儀で上司の権威を笠に着れば、むしろ逆効果となって部下の不信感を増幅するだけだ。成果主義に相応《ふさわ》しい管理スタイルを上司自らが身に付ける以外に解決法は存在しないのである。

また、そもそも部下に説明するだけの評価内容を上司が最初から持ち合わせていないというケースも少なくないようだ。要するに、部下の目標達成度を見極める作業を上司が最初から放棄しているのである。

その典型的なパターンは、自分の印象に基づいて「田中君の最終評価はA、鈴木君はB」とあらかじめ決定した上で、その最終評価から逆算して辻褄《つじつま》を合わせる形で、個々の目標達成度を決めていくというものである。これでは旧来の評価方式と実質的に変わるところはない。むしろ、安易な評価が個々の社員の処遇に直接投影されるという点では、状況は悪化したと言ってよいだろう。

本来であれば、成果主義を導入する際、まず管理職の意識改革から始めるべきであった。相当な期間をかけて管理職に成果主義の理念を植え付け、また、管理職としての能力が欠落している者は降格するなどの措置を取っていれば、これほどの「病状」には至らなかったことだろう。聖書に「新しい酒は新しい皮袋に」の言葉があるが、成果主義という「新しい酒」を、旧来の管理職層という「古い皮袋」に入れたことが、失敗の本質なのである。

第三節　人間とコンピュータの争い
～主導権を持つのは誰か?～

中華航空機墜落事故

これまで紹介したケースでは、人間の持つ様々な特性が事故を引き起こしている構図が中心であった。それでは、なるべく人間に頼らず、機械にコントロールを委《ゆだ》ねるシステムを作れば、事故を予防することが可能だろうか。答えはノーである。その典型が中華航空機墜落事故だ。

平成6年4月、台北発の中華航空140便が名古屋空港に着陸する寸前に墜落した。乗員・乗客合わせて264人が死亡し、死傷者数では日航123便墜落事故に次ぐ大惨事となった。この事故は、最先端の「利口すぎる」機体とパイロットのミスマッチによって発生したものである。

事故の発端は、140便が着陸態勢に入った際に、副操縦士が誤ってレバーに手をかけて、「着陸モード」から「着陸やり直しモード」に切り替えてしまったことだ。すぐそのことに気付いた機長は、「着陸やり直しモード」を解除するように副操縦士に指示した。この時、機長と副操縦士の双方共に重大な錯誤を犯した。操縦桿を強く押せば、モードを解除できるはずと思い込んでいたのである。

航空機業界の最大手であるボーイング社の機体では、パイロットが操縦桿に力を加えることで手動操縦に切り替えることが可能だった。しかし、事故機のエアバスＡ３００―６００Ｒ型の場合には、複数のスイッチを順序正しく押さなければ、モードを解除できないシステムになっていた。

副操縦士が操縦桿を操作したが、依然として「着陸やり直しモード」のままのコンピュータは、自動的に水平尾翼を操作して機体を上昇させようとした。これに驚いた機長は、副操縦士と交代して操縦桿を強く押し続けた。着陸態勢を維持するために、高度を下げようとしたのである。

この時、機体に対して、

・コンピュータが機首上げ（上昇）の方向で水平安定板を操作
・機長が機首下げ（下降）の方向で昇降舵を操作

と矛盾する操作がなされていたことになる。そのために高度はなかなか下がらず、業《ごう》を煮やした機長は、着陸やり直しを決意して再上昇の操作をした。

それまで機首を上げようとする力と下げようとする力が拮抗《きっこう》していたところに、後者の力が急になくなった。まるで綱引きの最中に、片側のチームが一斉に綱から手を離したようなものだ。いきなり機首が急角度で上がって垂直になった機体は、浮力を失って失速し、そのまま地面に叩きつけられたのである。

記憶の混乱はつきもの

直接の事故原因は、「着陸やり直しモード」を解除できなかったことだ。機長は、過去にボーイング機を操縦していた関係で解除手順を勘違いし、また、副操縦士は若手だったので、ベテランの機長の指図を鵜呑《うの》みにしていたらしい。

ただし、機長はエアバス社の同型機の飛行時間が1300時間を超えており、決してこの機体に不慣れだったというわけではない。問題は、「着陸やり直しモード」の解除の操作を行うことが、普段はほとんどないという点である。

私は自動車の運転が大好きで、米国留学中には大陸横断ドライブを3回もしたほどだ。それでも、愛車の機器の使い方をすべて諳《そら》んじているわけではない。先日、チャイルド・シートのベルトを調節しようと説明書を読んでいた際、その背もたれの角度を変えられることに気が付いた。4年前にチャイルド・シートを買った時に一度は説明書に目を通したが、シートの調節などそう頻繁にはしないので忘れていたのだろう。そんなものである。

問題の機体にも、分厚いマニュアルが備えられていた。しかし、現実にはマニュアルを捲《めく》りながら操縦しているパイロットなどいるわけがなく、普段は、それまで蓄積した知識と経験に基づいて仕事をしていたことだろう。そうなると、滅多に使用しない機能について、記憶の混乱が発生することは決して不思議な話ではない。

マニュアル自体にも問題があったようだ。コンピュータ制御の自動操縦システムに関する記述がわかりにくいことがパイロットの理解不足につながったと指摘されている。パソコンソフトの解説本をわざわざ購入した経験のある読者であれば、わかりにくいマニュアルがいかに難物かをご理解いただけるはずだ。

さらに言えば、着陸時はパイロットの緊張が最も高まるという。時間的な余裕もなく、「着陸やり直しモード」に誤って切り替えてから墜落まで、わずか96秒であった。この切迫した状況が影響して、機長や副操縦士が心理的な意味での視野狭窄《きようさく》（軽度のパニック）に陥り、自分の誤謬《ごびゆう》に気付きにくくなっていたとも考えられる。

墜落した中華航空機の残骸から掘り出された操縦席の一部

この見解に対して、「機長はプロなのだから、自分の仕事をすべて理解し、適時適切に判断するのが当たり前ではないか」と反論を受けたことがある。そういう方は、よほど優秀なのか、つまらぬ単純作業しか担当した経験がないのか、あるいは自分に都合の悪いことはすぐに忘れる健忘症のいずれかだろう。凡人の域を出ない私としては、操縦桿と悪戦苦闘しながら「畜生、どうしてこうなるんだ？」と叫んだ機長を責める気にはなれない。

あるシステムについて、平均的な能力を持つ担当者がそれなりに経験を積んでも十分に理解できていないとしたら、それは担当者の責任ではない。そんな小難しいシステムを作ったこと自体に問題があるのだ。

ちなみに、平成17年に全日空664便が重大な飛行ミスを犯した事件も、細部に関する機長の思い違いが原因だった。副操縦士席のコンピュータに接続する高度計が故障し、機長席のコンピュータの表示とずれが生じたので、機長は、どちらが正しいのか確認するために「第3のコンピュータ」に切り替えた。しかし実際には「第3のコンピュータ」など存在せず、機長が接続したのは副操縦士席のコンピュータだった。

その数値が（当然のことだが）副操縦士席と一致したことから、機長は、自席のコンピュータが故障したものと勘違いして機体を操作した。その結果、高度を1600メートルも間違えたままで、40分間も飛行を続けたのである。結果的には事故にならなかったが、運が悪ければ、他の航空機との空中衝突もあり得たケースだった。

自動化の罠《わな》

機長が操縦桿を押した時に、ボーイング機のようにモードが解除されていれば、そもそも事故は起こり得なかった。そうならなかったのは、問題のエアバスA300―600R型が最新鋭の機体だったためである。

この機体は、ボーイング社から市場を奪うためにエアバス社が開発したハイテク機である。

その大きな特徴は、ヒューマン・エラーによる事故を防止するため、大幅に自動化が進められていたことだ。言い換えると、「ミスを犯す人間よりもコンピュータのほうが信頼できる」という発想に基づいて設計されていたのである。

設計段階で事故の起こり得る要因をできるだけ排除しておくことは、非常に効果的なリスク管理手法である。日本の新幹線は開業以来40年間にわたって無事故という高い安全性を誇っているが、その要因として第一に挙げられるのは、データ的に事故発生の頻度が最も高い踏切を基本構想の時点でなくしてしまったことだ。

エアバス社の場合は、航空機事故の最大の要因である人間をできるだけ排除しようと自動化を進めた。人間が何かとんでもないことをしても、〝頭の良い〟コンピュータがしっかりしているから大丈夫という発想である。その結果、機長がいくら機体を下げようと試みても「着陸やり直しモード」のコンピュータは頑として譲らず、上昇しようと踏ん張り続けたのである。

決してコンピュータが悪いというわけではない。コンピュータは与えられた指示の通りに自らの役割を果たしただけだ。このシステムを設計するに当たって、緊急時にパイロットとコンピュータのどちらが主導権を持つかを明確にしていなかったことが、この事故の本質的な原因である。

自動化をどんどん進めていった場合でも、人間と機械との接点は必ず残る。このインターフェイスの部分が、システムという鎖の中で一番脆弱《ぜいじゃく》なリングになるのだ。

それでは、パイロットとコンピュータのどちらが最終的に主導権を握るべきだろうか。もちろん、パイロットである。これは航空機に限らず、様々な分野に該当することだ。人間側にはエラーの可能性も排除できないが、性質の異なる種々の情報を整理して判断を下す面では、コンピュータよりもはるかに優れている。

コンピュータにとって不可解な操作を人間が行った場合に、コンピュータがすぐに従わずに「ちょっと待て。もう一度考えてみてください」と警告するシステムは、エラー回避の面で非常に有用である。しかし、人間が継続して同じ指示を出しているのに、コンピュータがそれに逆らい続けることがあってはならない。

活かされなかった〝ヒヤリハット〟

失敗事例を論じる際によく引用されるのが、1件の重大事故の背後には、29件の小事故と事故までには至らなかった300件のトラブルが存在するというハインリヒの法則である。

そこで、事故を予防するためには、後者の「ヒヤリとしたり、ハッとしたりした」経験を活用すべきということで、近年、ヒヤリハット事例の収集が盛んに進められている。

その活動自体は非常に望ましいことだが、中華航空機事故のもう一つの教訓は、このヒヤリハットがなかなか活かされないという現実である。

実は、この事故の5年前に、フィンランドのヘルシンキ空港で、まったく同種の事案が発生していたのである。この時には、機体が失速寸前でコントロールを取り戻したので惨事を免れたが、まさに危機一髪だった。そのほかにも、パイロットの操縦とコンピュータが相反して危険な状態となったケースが2件報告されていた。

しかし、エアバス社の対応は極めて鈍かった。「滅多に起きることではない」と高《たか》を括《くく》っていたのか、あるいは「最新鋭のシステムを理解していないほうが悪い」と傲慢《ごうまん》に構えていたのだろうか。

エアバス社がようやく重い腰を上げ、着陸やり直しモード時に操縦桿を動かせば、すぐに手動操縦に切り替わるようにコンピュータのソフトを変更したのが事故の前年のことだった。しかし、この件でエアバス社が各航空会社に流した技術通報は、ソフト改修を「推奨」するにとどまり、「必須（Mandatory）」とはしていなかった。

そのため、中華航空公司では、ソフトの改修は緊急度の高いものではないと認識し、いずれ予定されているコンピュータの修理の際に併せて実施すればよいと判断してしまった。もちろん、事故機には、このソフト改修が行われていなかった。

ヒヤリハットのデータを、集めるだけで安全性が向上するわけではない。問題は、ヒヤリハットを活用しようとする姿勢があるかないかである。中国の古典に、「心ここに在《あ》らざれば、視《み》れども見えず、聴けども聞こえず、食らえども其《そ》の味を知らず」という名句がある。大事故を回避するためのヒントが足下に転がっていても、それを見ようとしない人間にとっては、ただの石ころと変わりないのだ。

第4章

緊急時への備え

第一節　非現実的なシミュレーション

～何のためのシミュレーションか～

「シミュレーション」という名のセレモニー

少し以前には一種の専門用語であった「危機管理」という言葉が、最近では広く日常的に用いられるようになってきた。それに伴って様々な業種で危機管理マニュアルが整備され、緊急時を想定したシミュレーション（模擬訓練）も行われるようになった。しかし、まだ日本人は、シミュレーションというものに慣れていないようだ。

某日、あるNGOが主催したシミュレーションに出席する機会があった。その内容は、某駅の構内で化学兵器テロが発生したと想定し、車両内の生存者、鉄道機関、医療関係者、自治体、近隣住民等がどのように行動すべきかを検討するというものだ。

事業者や市民団体など数十人が会場に集まり、駅構内の見取り図や周辺地図もボードに貼り出され、一見するとなかなか本格的だった。しかし訓練が実際に開始されるとすぐに、シミュレーションの本来の姿とはかけ離れていることに気付いた。

参加者がそれぞれの立場から対策を発表していくのだが、その内容に具体性が認められない。単に実施すべき項目を読み上げていくだけで、それをどのように実行するのかという"How"が欠けているのである。私はゲスト・オブザーバーのような立場だったが、このままではいけないと思い、敢えて質問することにした。

ちょうど鉄道事業者の方が、「事件発生駅に救護所や現地指揮所を設置します」「近隣の駅から職員を応援派遣します」と説明したところだった。そこで「駅構内のどの位置に救護所や現地指揮所を置くのですか」と尋ねると、「それはケースバイケースで考えます」との回答を受けた。

シミュレーションとは、まさにそのケースバイケースを考える場である。そのために駅構内の見取り図も用意してあるのだ。この回答に少しむっとした私は、矢継ぎ早に質問を続けた。「それでは近隣駅の職員はどの交通手段を使って現地に行くのですか、到着までどのくらい時間がかかりますか、何人くらいまで派遣できますか、派遣の際に何を持参させますか」すると鉄道事業者側は、「とにかくできる限り急ぎますので……」と困ったように答えるだけだった。

その時、相手が手元のマニュアルを読み上げていたことに気が付いた。説明内容が具体的でなかったのは、そのマニュアルが全社共通のものであったためだろう。おそらく他の参加者もそれと大差なかったはずだ。

これではシミュレーションではなく、単なるセレモニーにすぎない。軌道修正しようと主催者のＮＧＯを見やったところ、司会者が「色々とご意見もございましょうが、時間の関係もあるので次のご発表に移らさせていただきます」と質疑を打ち切ってしまった。主催者側からすれば、私は「シミュレーション」の進行を妨害する闖入者《ちんにゅうしゃ》に見えたのだろう。以後、そのＮＧＯからの連絡は完全に途絶えたままだ。

シミュレーションの効用

一口に緊急事態と言っても、その態様は様々であって予測が困難である上に、不確定要素がつきものである。危機管理マニュアルにそのすべてを網羅することはできず、臨機応変に対処しなければならない事柄が多々発生するのは当然だ。それでも、「ケースバイケース」の話について何も準備しなくてよいというわけではない。

言わばマニュアルは、数学の公式のようなものだ。"Practice makes perfect."の言葉が示すように、公式を頭で理解していても、練習問題を沢山こなさなければ学力はつかない。それと同様に、緊急時に敏速に反応するには、「ケースバイケース」の問題について日頃から頭の体操を積み重ねておくことが肝要だ。そのために行われるのがシミュレーションである。

例えば、前述のケースで言えば、救護所の設置場所を決めるのは、決して容易なことではない。多数の被害者を収容するスペースが不可欠なのはもちろんだが、駅構内に滞留する有毒ガスの回避にも注意しなければならない。そのためには現場でどのような点に留意すべきだろうか。

まずは、新鮮な空気が流入する換気口の位置の確認である。次は段差の有無だ。オウム事件で使用されたサリンなどの有機リン系のガスは、空気よりも比重が重いので床面付近に溜まりやすい。被害者をプラットホームにそのまま横たえると、有毒ガスをさらに吸入して症状が重篤になる危険性がある。

後で被害者を外に搬出する際の利便を考えると、階段の位置や幅、エレベーターの有無についても考慮する必要がある。さらに、連絡が取りやすいように有線電話の近くが好ましく、地下鉄の場合であれば携帯電話の通話が可能かどうかについても検討したほうがよい。

このように考えるべきことは山ほどある。しかも、緊急時には時間の余裕がないので、何事も即断即決していかなければならない。日頃から頭の体操を行っていなければ、いざという時に適切な判断ができるものではない。頭の中が真っ白になって狼狽《ろうばい》するだけだ。また、危機管理マニュアルそれ自体も、最初から完璧なものが作れるわけではない。パソコン画面に向かっているだけでは、どうしても見落としが発生するものだ。シミュレーションは、こういった「盲点」を発見し、マニュアルをより実務的なものに改訂するための絶好の機会でもある。そのためにも、終了後は必ず反省検討会を行って、シミュレーション中に発生した様々なミスの原因を追究し、所要の対策を講じなければならない。

前述のケースで救護所の選定に失敗したと仮定し、どのような対策を取るべきか考えてみよう。救護所の設置場所をあらかじめ決定し、危機管理マニュアルに記載しておけば簡単に失敗を予防できる。1箇所だと状況によって使用できない可能性もあるが、離れた場所に次善の候補地も選定すれば心配ない。また、場所の決定までいかなくとも、マニュアルの中に救護所選定に当たっての留意点を書き出しておけば、緊急時の負担が大きく軽減されるはずだ。

このようにシミュレーションというものは、緊急事態への対応能力を向上させ、危機管理マニュアルの細部を検討する絶好の機会である。したがって、その内容は具体的であればあるほど好ましい。逆に言えば、具体性を欠いたシミュレーションなどは、関係者の単なる自己満足にすぎないのだ。

プレッシャーの疑似体験

シミュレーションは、緊急時の精神的プレッシャーを関係者に疑似体験させる面でも非常に有用である。

旧日本海軍の撃墜王であった故・坂井三郎氏の著作に「操縦士の六割頭」という表現が出てくる。戦闘機を操縦していると、機体やエンジンの稼働状況の確認、各種計器の点検、現在位置の計測などを同時並行的に進めなければならないため、そのストレスにより頭脳の働きが地上にいた時の６割ぐらいまでに低下してしまうのだそうだ。

危機管理の現場もこれと同様であり、担当者の受ける精神的プレッシャーは余人が想像するよりもはるかに強い。そのストレスによって対策業務の能率は大幅に低下し、普段ではあり得ないようなケアレスミスも誘発され、混乱に拍車をかけることになる。そのため、担当者がプレッシャーへの耐性を有しているか、さらに言えば、自分を含めた関係者の間で様々な齟齬《そご》が発生し得ることを経験的に理解しているかどうかが、危機管理の成否を占う上で非常に重要なポイントになる。

しかし、緊急事態を実際に体験する機会は極めて少ない。だからこそシミュレーションの内容を工夫して、緊急事態のストレスを疑似体験させることが有益となる。

シミュレーションの参加者に対して情報を一度に与えず、小出しにすることは基本中の基本である。事態の予測がつかないほど、プレッシャーが大きくなるからだ。わざと不正確な情報を混ぜるのも効果的である。念のために申し上げるが、これは決して意地悪ではない。実際の緊急事態でも、何が起きたかを正確に把握するのには相当な時間がかかるものであり、誤った情報に振り回されることも珍しくない。「情報は足りず、間に合わず、当てにならず」が危機管理の現実である。

次に役立つスキルは、参加者に数字の制約を厳しく守らせることだ。緊急時に十分な要員がすぐ確保できるわけがなく、状況をリアルに設定すれば、必ず手不足になるはずだ。その結果、参加者は限られた要員をどのように配置し、どの対策を優先させるかについて考えざるを得なくなる。

前述の鉄道テロのケースで言えば、近隣の駅から応援が到着するまでに、数人の駅員で何ができるかを検討させるわけだ。関係機関への連絡係は1人で十分か、それとも2人必要か。意識不明の被害者の救護には何人を充《あ》てるか。その人数で被害者全員を救護所まで搬送するのに何分かかるか。駅長はどこで指揮を執るのが効率的か。列車内に取り残されている乗客がいないかどうか駅員に確認させるか、それとも駅員の安全のためにやめておくか。

シミュレーションの性質によっては、時間や機材などの数字も厳密にチェックすることになろう。例えば、状況確認のためにホームに行かせた駅員がすぐに駆け戻って報告するということは、物理的にあり得ない。最低でも2、3分はかかるはずだ。助けを求める被害者に肩を貸したりして、さらに遅くなるかもしれない。それが現実である。

ここでのポイントは、唯一絶対の正解はないということだ。錯綜《さくそう》する不完全な情報と絶対的な人手不足という条件下では、100点満点の対策など望むべくもない。だからこそ、参加者は悩み、焦り、考え込むのである。ここまでリアルにやらなければ、危機の疑似体験は得られない。参加者がへらへらと楽しんでいる程度では、とてもシミュレーションとは呼べないだろう。

ちなみに、平成17年に杉並区が実施したバイオテロ演習では、臨場感を出すために架空のテレビニュースや新聞・雑誌記事等を用意したり、模擬の記者会見を設定して記者役から意地の悪い質問を浴びせたりした。また、住民からの電話の殺到、病原体（天然痘）に関する誤った風説の流布、いたずら通報、交通機関・学校関係からの問い合わせなども組み入れ、迫真の状況を作り出すことに成功した。

なぜ、セレモニーに堕してしまうのか

先ほどから某鉄道事業者の対応ぶりを引き合いに出しているが、彼らが危機管理の面で遅れているとは思わない。化学兵器テロという非日常的な問題に対して独自に対応マニュアルを作成しているだけでも立派なものだ。また、このようにオープンな場に参加することを多くの企業が躊躇《ちゆうちよ》している現状に鑑《かんが》みれば、むしろ先進的と言えよう。

問題は、そのように危機管理の面で意欲的な企業でさえも、この程度のシミュレーションに安住しているという点である。これは、そもそもシミュレーションに対する理解が根本的に違っているためだ。

驚くべきことだが、役員の前で危機管理対策を披露するための発表会のように、シミュレーションを考えている組織が少なくない。まさにセレモニーそのものだ。したがって、何かトラブルが発生したら大変なことになる。スケジュール通りに淡々と進行し、最後に社長からお褒《ほ》めの言葉をいただくのが「シミュレーション」のあるべき姿というわけだ。

すっかりお膳立てが整っているので、参加者がペーパーを読み上げ、電話で連絡をしてい

るだけでどんどん事態は解決に向かっていく。反省検討会は、「みんなよく頑張りました」「これで危機意識を共有できたと思います」とリップサービスばかりだ。そもそもトラブルが起きないので、具体的な問題点が指摘されるはずもない。基本的に状況設定が甘い上に予想外の話など何もないので、関係者が緊張感を持てるわけもない。一昔前の株主総会と似たようなものだ。

面白いことに、このような形式的シミュレーションのほとんどが3時間以内である。参加者の都合もさることながら、多忙な役員が会場に留まっていられるのがその程度ということだろう。開会の挨拶、ルールの説明、途中の休憩、反省検討会、閉会の挨拶などの時間を差し引くと、シミュレーションを実際に行っているのは1時間半にも満たないはずだ。

これでは現実に則してシミュレーションを実施しようとしても、絶対にできるものではない。リアルなシミュレーションでは、参加者にルールを理解させるだけでも2時間くらいかかるからだ。ちなみに、私自身が米国のビジネススクールで受けたシミュレーションの一つは丸2日間連続だった。

これまでの誤ったシミュレーション観を関係者はぜひとも改めなければならない。シミュレーションの中での失敗、すれ違い、誤謬《ごびゅう》等々のトラブルは、危機管理体制を充実するための契機であり、教訓である。「便りの無いのは良い便り」という言葉があるが、ことシミュレーションについては、「失敗が起きないシミュレーションは悪いシミュレーション」と考えるべきだ。

また、シミュレーションの土台となる危機管理マニュアルについても、同様のことが言えよう。十分な批判に曝《さら》されていない危機管理マニュアルは「御守」のようなものだ。それを持っているだけで安心した気持ちにはなれるが、実際には何の役にも立たない気休めにすぎないのである。

第二節　初動措置の重要性
～対応の遅れが破局を招く～

「想定の範囲内」だった、六本木ヒルズ回転扉事故

平成17年春、ニッポン放送の経営権を巡ってライブドアとフジテレビが激しい攻防を繰り広げ、その渦中でライブドア前社長の堀江貴文氏が発した「想定の範囲内」という言葉が、その年の流行語大賞に選ばれた。

対策を実施するためには、その当然の前提として、対策を取るべき問題点が明らかとなっていなければならない。これを逆に言えば、「想定の範囲外」の事象に対しては、対策がお留守ということになる。

過去の経験が通用しない、あるいは構成要素が複雑なために予測が難しいなどの理由から、「想定の範囲外」としか言いようのないケースもある。しかし、実際の失敗事例を眺めてみると、「これが本当に想定外だったのか?!」と疑いたくなるような話が決して少なくない。

むしろ、何らかの形で端緒となる情報が把握されていた＝想定することが十分に可能であったにもかかわらず、迅速に対応しなかったために手遅れとなったケースが多いように思われる。その典型が、平成16年3月に六本木ヒルズで6歳の男児が回転扉に頭を挟まれて死亡した事故であろう。

ミーハーな私は何度か娘を連れて同所を観光した経験があったので、事故の一報を聞くなり、問題の回転扉のことをすぐに思い出した。さぞかし重量がありそうな構造であって、こんな物に挟み付けられたら凄《すさ》まじい圧力だろうと感じたものだ。

驚いたのは、六本木ヒルズ側の関係者が、事故防止センサーの不感領域で本件事故が生起した件に関して、「(閉まりかけたドアの隙間に) 首だけ突っ込むことは想定していなかった」と弁解したことである。私も幼い娘を持つ身なのではっきりと断言できる。子供とは大人の意表をつく行動を取るものだ。そのような当たり前のことを想定していなかったのであれば、それは想定していなかったほうが悪い。

実際にも、開業以来この回転扉での挟まれ事故がたびたび発生し、しかも被害者はすべて子供であったことがすぐに報道で明らかとなった。六本木ヒルズ側でも、この事故の3カ月前の時点で事故防止対策を検討していたのである。「想定の範囲外」どころか、まさに「想定していた通り」の事態だったわけだ。

しかし、この際に対策項目として挙げられた「ドアの逆回転機能の追加」「侵入防止柵の常設」「衝撃吸収材の取り付け」の3件は、まったく実施されていなかった。つまり六本木ヒルズでは、事故を予防する機会をせっかく手にしていながら、その対応が遅れたことでみすみす重大事故を招来したということになる。

「火事の消火は最初の5分間が勝負」という言葉がある。万が一火事が起きてしまっても、初期火災の状態であれば一般人でも消し止めることが可能であり、被害も比較的軽微なものに留まる。しかし、ある段階を過ぎると火災は急激に拡大し、消防機関でさえも消火に苦労するようになる。その場合の被害が極めて甚大となるのはもちろんだ。

危機管理もこれと同様である。危機の徴候を把握した時点で的確な初動措置を実施していれば、危機の発生を未然に防止し、あるいは危機が発生した場合の被害を劇的に軽減することが可能だ。その意味で、タイムリーな初動措置の実施は、まさしく危機管理の要諦《ようてい》である。

しかし現実には、初動措置の遅れが目立つケースが少なくない。これは、まだ危機が実際に発生していない段階では、被害はあくまで「想定」の話であるが、初動措置を実施するには「現実」のコストが必要となるからだ。この場合のコストとは、単に金銭面だけでなく、それに必要とされる労力、世評への影響、対策を実施した場合に発生する不便などの様々なマイナスを含む概念である。ちなみに六本木ヒルズのケースでは、「危険防止柵を設置すると建物の美観を損ねるのではないか」という意見が出たために対策が遅延したようだ。

一般的に人間とは、「想定される重大な危険」よりも「現実のわずかなコスト」に気を取られてしまう生き物である。高速道路でシートベルトを付けずに運転している人をいまだに見かけるが、そのような人にとっては、「想定される死亡事故の危険性」より「シートベルトを付ける現実の不便」のほうが大きいというわけだ。

初動措置に失敗する事情も、基本的にはこれと大同小異である。短期的なコスト計算に注意を奪われ、長期的な利害損得を計算する視点が欠落してしまうのだ。ちなみに、この長期的視点というのは決して特別なものではない。率直に申し上げれば、経営戦略のイロハのイである。その意味では、経営センスの欠落という根本的な問題が危機管理の失敗にも結び付いていると言えよう。

松下電器と参天製薬の差

平成17年12月、松下電器産業は、自社製の石油ファンヒーターの買い取りや無料の点検修理を緊急告知した。ファンヒーターの経年劣化が原因で一酸化炭素中毒事故が続発したことを受けての対応だが、これも遅きに失したものだった。

ファンヒーターによる最初の死亡事故が発生したのは同年1月のことである。事故原因を独自に検証した結果、松下電器は自社製品の欠陥を認識したが、この時点では特段の対策は実施されず、事故が発生した事実も公表されなかった。松下電器がようやく事故の存在を世間に明らかにして製品のリコールに踏み切ったのは、その3カ月後のことである。それまでにさらに2件の中毒事故が発生していた。

その後、春の到来によりファンヒーターが使用されなくなったことで事故の発生は止まったが、松下電器側の対策は遅々として進まなかった。その結果、あらためて冬が到来した矢先の11月に再び死亡事故が発生してしまった。この事態を重視した経済産業省では、消費生活用製品安全法に基づき、製品の回収、危険性の周知等の措置を取るように緊急命令を発動し、松下電器でもついに緊急対策本部を設置するに至ったのである。

このように松下電器側が断固とした初動措置を取らず、泥縄式の対応を続けたことが傷口を広げる結果となった。問題のファンヒーターは昭和60年から平成4年にかけて製造されたもので、既に10年以上が経過しているために追跡調査が困難だったという事情は理解できる。

しかし、1月の時点で事故原因が判明したにもかかわらず、早急に対策に着手しなかったのは、初動段階の判断ミスと言われても仕方がない。

実は、松下電器では事件の前年に問題の石油機器事業からの撤退を決定しており、当時はいわば「残務整理」の状態であった。そのため、コストのかかる大掛かりな対応をなるべく避け、このまま故障の修理という形で何とか処理できるのではないかと、安易に期待する心理が関係者の間に芽生えたのだろう。

この松下電器とは対照的に迅速な初動措置で高く評価されたのが、参天製薬の危機管理である。平成12年6月、参天製薬に対して「2000万円を支払え。この要求に従わなければ、劇物を混入した目薬を店頭にばらまく」という脅迫状が届いた。その封筒には、工業用ガソリンを混入した同社の目薬容器も同封されていた。

家庭用目薬は同社の総売上の1割を占める重要商品であり、特に事件が発生した6月は水泳シーズンの初めで目薬の消費が拡大する時期だった。しかし参天製薬では、その日のうちにトップダウンで全品回収を決断し、250万個をわずか2日間で回収して消費者の被害を未然に防止したのである。ちなみに、その数日後に脅迫犯人も大阪府警に逮捕され、事件は無事解決している。

この商品回収の関係で、参天製薬には約13億円の被害が発生したと伝えられている。しかし、迅速な対応ぶりにより同社の企業イメージは急上昇し、事件解決後には売上が急拡大した。ちなみに、平成12年度の同社の決算では、この事件にもかかわらず、売上高も営業利益も対前年度比でプラスとなっている。

一方、前述の事故対策に松下電器が支出する費用総額は200億円を超えるものと観測されているが、松下側にとってのプラスはほとんどない。危機管理においては、初動措置が迅速に行われるか否かでこれほど大きな差がつくということだ。

ただし、危機管理のお手本のように言われている参天製薬についても、事件が実際に発生する以前の対応は、決して褒められたものではなかった。実は、同社の目薬製品は外箱に商品を直接入れる簡易包装であったため、容易に異物を混入できる危険性があると、かねてから識者の指摘を受けていたのである。

1982年に米国で鎮痛剤に毒物が混入され、6人が死亡するという事件が発生して以来、この種の事件の予防対策として、医薬品の箱をビニールで包装し、箱が何者かに開封されればすぐに判別できるようにする手法が普及していた。目薬についても、事件当時に他社では既にビニール包装を実施していたが、参天製薬の製品にはこの対策が取られていなかった。そのため、脅迫がなされた際、参天製薬側では毒物混入を外見から判別する方策がなく、全品回収を実施せざるを得なかったのである。

　その意味では、危機管理に成功した参天製薬も、危機の発生それ自体を予防するリスク管理の面では失敗したと言えよう。初動措置とは、必ずしも危機が実際に発生してからの対応だけを指すものではない。危機の可能性を示す端緒を把握した時点から、どのような対策を取るべきかを早急に検討しなければならないのである。

第三節　情報は何処《いずこ》
～青い鳥は身近なところに～

情報不足は当たり前

米国のビジネススクールに留学していた頃の経験だが、ある授業でシミュレーション・ゲームを実施することになった。学生数人でチームを作って模擬の「会社」を編成し、市場動向や在庫を勘案しながら、バイヤーから部品を調達してＡＶ機器を製造・販売するというものだ。

各会社において立案された事業計画は教授のところで集計され、バーチャルな市場において取引が行われる。その結果を教授から受け取り、それを参考にして翌４半期の事業計画を新たに企画する。この作業を何度も繰り返して、一日の授業で５年分に相当するシミュレーションを実施するのである。

「我が社」は精緻なプランをもってゲームに臨んだが、肝心の生産性が期待していたほど伸びなかった。その原因がわからず右往左往しているうちにゲームは終了し、我が社は完敗した。その反省検討会で、生産性が上昇しなかった理由が明らかになった。我が社は高品質路線を採用して最高級の部品Xを利用していたが、部品Xには、生産性が伸びにくいという隠れた特性がインプットされていたのである。ちなみにこの「裏ルール」は、ゲーム指示書には記載されていなかった。

ビジネススクールの学生には、恐ろしいほどの負けず嫌いが揃っている。我が社の仲間たちは、「このような重大情報がゲーム指示書に記載されていないのはインチキだ」と教授に食ってかかった。しかし、彼等よりも若干実務経験が長かった私は、「なるほど、さすがはビジネススクールの授業だ」と逆に感心していた。

現実の世界では、必要な情報が必要な時に入手できるわけではない。誤った情報に振り回され、すべてが終わってしまってからやっと正しい情報が届くことが日常茶飯事である。教授が示したゲーム指示書をすべてと思い込んでいたほうが甘いのだ。

もちろん、すべての会社が同じ失敗を犯したわけではない。ある会社では、試行錯誤の末に「裏ルール」の存在に気付いた。別の会社では、インフォーマルな情報交換により「裏ルール」の情報を仕入れていた。我が社が情報不足に陥っていたのは、生産性が伸びないという重要なヒントがあるのに発想を転換できず、情報収集の努力も怠っていたためであり、どここにも責任を転嫁することはできない。

現代のビジネスでも、情報が足りないという悲鳴はいたるところから上がっているが、事後的に振り返ってみると、「そういえばあの情報が……」というケースは少なくないようだ。手許に無造作に積み上げられた紙の山の中に、ひょっとしたらダイヤモンドの原石が隠れているのかもしれない。その存在に気が付くかどうかは、まさに「情報を求める（＝情報を利用する）側」の力量にかかっているのである。

認知されない情報

どのような情報でも、その価値を最終的に判断するのは人間である。美術商に持っていけば何百万円の値がつく古伊万里でも、その価値のわからない人にとっては、物置のがらくたにすぎない。これと同様に、情報の価値もそれを評価する人物によって大きく左右される。

誰しも自分が強い関心を持つ分野については、かなり正確に情報を評価することが可能である。それとは逆に、関心がない分野では、知識量や理解力の不足も加味されて、その情報の価値を過小評価する傾向が一般に認められる。言い換えれば、たとえ眼前に置かれた情報であっても、それに関心を抱かなければ、存在しないのと同様というわけだ。例えば、米国で9・11同時多発テロ事件が発生した後、多くの日本企業はテロ対策に急に熱心になった。しかし、それ以前にもアル・カーイダによるテロは続発していた。98年にはケニア、タンザニアの米国大使館が爆破され、大使館員など200人以上が死亡、数千人が負傷した。その報復として、クリントン政権はアフガニスタン領内のアル・カーイダ施設を空爆している。世界貿易センタービルに対しても、93年に爆弾テロ事件が行われていた。つまり、テロリストとの戦いは、とうの昔に始まっていたことになる。

たしかに9・11事件では、米国経済の中枢であるニューヨークが攻撃対象とされたが、テロ情勢という面からみれば、大きな質的変化が生起したわけではない。9・11事件によって実際に変化したのは、テロ情勢それ自体ではなく、テロに対する各企業の認知である。それまでにも新聞やテレビニュースを通じてテロに関する様々な情報が提供されていたが、企業経営者が関心を持っていなかったために、その脅威が正当に認知されていなかっただけだ。

この「関心」と並んで情報を認知する上での障害となる要素が、情報を求める側の「懐《ふところ》具合」である。本来であれば、まず情報をきちんと評価した上で、その対策をどうするかを考えるという順序になる。しかし実際には、その対策のために当該組織が費やせる人員や経費はどの程度かを概算した上で、その範囲内に収まるように情報の評価が逆算されることがある。

特にリスク情報など不確実性の高い情報については、そのインパクトをどう評価すべきか判断の幅が大きいため、この逆算作業が行われやすい。その典型が、第2章第一節に述べたスペースシャトル・コロンビア号の空中分解事故である。

断熱材の破片がコロンビア号の主翼に衝突した事実は、打ち上げ直後に確認されていた。しかし、この情報はあまり重大視されず、衝突部分を詳しく調査したいとする技術者の意見は斥《しりぞ》けられた。これは、NASA関係者の間に「重大なトラブルではない」と思い込みたい事情が存在したためである。

当時NASAでは、組織を挙げて「国際宇宙ステーション計画」を推進していた。この国際宇宙ステーションの基本構造を完成させる最後の資材は、1年後のSTS—120（シャトル飛行計画第120番）で輸送される予定だった。しかし、技術的トラブルが重なったことでスケジュールがきつくなり、予定通りSTS—120を打ち上げるためには、もはやいかなる遅延も許されない状況に追い込まれていた。

もしもコロンビア号の主翼が破損していた場合には、同船の乗員を助ける方法はただ一つ、次回に飛行予定のアトランティス号を使って救出するしかない。そうなれば、STS—12

0のスケジュールを守ることは不可能になる。そのためNASA関係者は、救出作戦を実施せずに済むように、断熱材衝突の情報を殊更《ことさら》に過小評価してしまったのだ。

歪曲《わいきょく》される情報

せっかく入手した情報が、分析評価の過程で意図的に歪曲されるケースもないわけではない。昭和19年、緒戦の傷が癒《い》えた米国が、日本に対する総反撃を開始しようとしていた矢先の話である。

日本海軍で対米情報を分析している担当者が、陸軍のカウンターパートに質問した。陸軍側から伝えられる情報が「米国民は疲弊している」「米国世情は厭戦気分になっている」など楽観的なものばかりなので、その情報源は何なのか不思議に思ったのだ。その答えは衝撃的なものだった。「東條（当時は総理大臣兼陸軍大臣）さんがそういう情報を欲しがるので、仕方なく捏造《ねつぞう》している」というのである。当時の日本政府が戦果を誇張して国民を欺《あざむ》いていた事実はよく知られているが、実は政府自らが方針策定に使用していた情報も捏造されたものだったわけだ。

数多《あまた》の情報の中から都合のよいものだけを選り分け、分析の際に甘い粉砂糖を山ほどふりかければ、どんな結論だって導くことができる。陸軍の情報担当者も内心忸怩《じくじ》たるものがあったはずだが、保身を考えればやむを得ない選択だったのだろう。

ちなみに、当時の陸軍で一番の米国通であった将官は、開戦前に米国の潜在能力を的確に分析して警告したことにより首脳部から疎《うと》まれ、陸軍中央から外されたままだった。その人物とは、インパール戦で無謀な作戦の継続に反対して解任され、そのままビルマの地で病死した第15師団長山内正文中将である。つまり、陸軍には米国情勢を的確に分析するために必要な情報源も人材も揃っていたが、それを活かすことができなかったということだ。

結局のところ、「上の好むところ下これに習う」はいつの時代でも当て嵌《は》まる原則であり、部下は上司が期待しているような報告をしようと心掛けるものだ。その辺りの呼吸を察せずに、情報を求める側がその期待をあからさまにすると、情報分析ではなく部下の作文を読まされることになる。

また、同じ組織の中でも、部局が分かれると意思疎通はそれほど簡単なものではない。知らず知らずのうちに部局間の垣根が高くなり、重要な情報がそれを本当に必要としている部局に流れないことがある。レイテ決戦は太平洋戦争の天王山と呼ぶべき戦いだったが、この情報流通の動脈硬化が大きな破局につながったケースである。

この決戦の前段で実施された台湾沖海空戦において、日本海軍は米空母十数隻を撃沈または撃破したと高らかに発表した。しかし、その後の内部調査により、この「戦果」の中身は未熟なパイロットが多数参加したことに起因する誇大報告であり、実際には米艦隊はほとんど被害を受けていないことが明らかとなった。

しかし、海軍側はこの事実を隠蔽《いんぺい》し、陸軍側には伝えなかった。その理由は、陸海軍の長年にわたる反目にあった。信じられないかもしれないが、まさに仇敵のようないがみ合いが戦争中にも続けられ、「まず陸軍と喧嘩して、残った精力を使って米国と戦争をしている」と自嘲した海軍関係者もいたほどだ。

何も知らない陸軍側は、その後、米軍がレイテ島への上陸を開始すると、台湾沖海空戦の残存部隊であれば殲滅《せんめつ》するのは容易と判断を誤ってしまった。そして、それまでの慎重な作戦計画を放棄してレイテ島に虎の子の精鋭部隊を遮二無二《しゃにむに》投入し、その結果として壊滅的な敗北を喫したのである。

内部通報制度の問題点

現実に組織内に存在する情報でありながら、最も入手が困難なものが不祥事に関する情報である。その結果、経営陣が気付かないうちに不祥事は内部で密かに増殖を続け、最後はマスコミなどへの内部告発によって事件が発覚し、会社は大打撃を受けるというのが典型的なパターンである。そのため、最近では内部通報制度を整備し、不祥事に関する情報の吸い上げに力を入れる企業が増えている。

「内部通報」は「内部告発」と紛らわしいが、その意味は大きく異なる。「内部告発」が報道機関や監督官庁など「外部」の機関に通報するものであるのに対し、「内部通報」は、組織「内部」（その組織が委託した第三者機関を含む）に指定された通報窓口に不祥事の情報を通報させるシステムだ。

この内部通報制度のメリットとしては、

・比較的早期＝事案がまだ軽微な段階で情報を入手し、不祥事への対応を開始することができる

・不祥事に関する情報を会社側が直接入手することにより、事案の処理に主導権を持つことができる

・不正行為の誘惑にかられる社員に対して、内部通報制度の存在それ自体が強い抑止効果を発揮する

などの点が挙げられる。しかし、単に制度を導入すれば大丈夫といった甘い話ではない。現実問題として、内部通報制度を整備しても、それが実際には機能していないケースが少なくないのだ。

これは、「内部通報制度といっても、結局は不正を隠蔽してしまうのではないか」「通報などしたら、『不満分子』として処分されてしまうのではないか」などといった不安感が社員の側に存在するためだ。この点については、通報者がそれによって不利益を受けないことを保障する社内規定を整備するとともに、通報者の身元を秘匿するための配慮を心掛けることが必要である。

もう一つの問題は、せっかく通報を受けても、肝心の調査がおざなりにされていることだ。平成17年に発覚した耐震強度偽装事件も、通報内容の調査に問題があったことが被害を大きくしたケースである。

平成16年2月、横浜市の設計事務所が、A建築士に構造計算させた物件の耐震強度が著しく低いことに気付き、民間検査機関最大手のN社に通報した。

しかし同社では、応対者が単純な計算ミスと考えて特段の対応を取らず、この貴重な情報を放置してしまった。その後、翌17年10月になって、同じ設計事務所が別の物件でA建築士の偽装を再び発見し、今度は検査機関第2位のE社に通報したところ、ようやく事件が認知されたのである。

「れば」「たら」の話はあまり好きではないが、N社が1年半前に通報を受けた段階で所要の調査を実施していれば、被害の拡大を防ぐことが可能だったはずだ。

これと際立った対照を見せているのが神戸市の対応である。神戸市では、阪神・淡路大震災の際に違反建築による建物倒壊が被害拡大につながった苦い経験から、都市計画総局の中に安全対策室を設置し、違反建築の摘発に力を入れていることで有名だ。

同室のホームページには「違反建築通報ページ」が設けられ、市民からの通報や内部告発を受け付けている。このページには通報者の氏名等の記入欄が設けられているが、もちろん、通報者の保護のために匿名での通報も受け付けている。

この情報をもとにして安全対策室では立入調査を実施し、違反が認められた物件に対して是正指導を行うとともに、ホームページ上で「違反建築是正事例集」として公開するほどの徹底ぶりだ。

そのため、建築関係者の間では「神戸市は厳しい」と評判が知れ渡り、神戸市内の物件については特に注意を払っているとまで言われている。

話を戻すが、ここで私が強調したいのは、情報の不足はあくまでも「結果」にすぎず、その「原因」のうちの相当な部分は、情報を求める側に在るということだ。「足らぬ足らぬは工夫が足らぬ」は戦時中の標語だが、情報不足を嘆く方は、この標語の意味を考えてみてはいかがだろうか。

第四節　専門家の限界
～専門家の眼鏡は牛乳瓶の底～

「軍人はいつも過去の戦いに備えようとしている」

1990年に湾岸戦争が勃発《ぼっぱつ》する直前、自衛隊の某上級士官と戦争の行方について雑談したことがあった。私が「多国籍軍の圧倒的な航空兵力がイラクの地上部隊を空から叩《たた》き潰《つぶ》すだろう」と観測を述べたところ、彼はふふんと鼻で笑い、「戦争はそんなに簡単なものじゃないですよ。ベトナムの例を思い出してください」と講釈した。

私は「ベトナムと違って、中東にはイラク軍が身を隠せるような密林はない。それにイラク軍は正規部隊だから、ベトコンのように一般市民の中に紛れ込むわけにもいかない。空からの攻撃には絶好の標的だよ」と言い返した。しかし彼は、だから素人さんは困るとばかりに、ベトナム戦争の教訓を滔々《とうとう》と論じるだけだった。ちなみに、彼の見解は決して特殊なものではなく、開戦前の段階における軍事関係者の論評のほとんどは、多国籍軍が苦戦するという内容だったことを覚えている。

実際の湾岸戦争は、まさに私の予想した通りに展開し、多国籍軍のワンサイド・ゲームとなった。ここで自分の先見の明を誇るつもりはない。後から考えてみれば、「やっぱりそうなるよな」と誰もが感じるほどの「当たり前」の話だからだ。問題は、専門家であるはずの軍人が、どうして「当たり前」の予測ができなかったのかという点である。

「軍人は、いつも過去の戦いに備えようとしている」という警句がある。例えば、第2次大戦前の各国海軍は、第1次大戦で英独戦艦が艦隊決戦をくり広げたジュットランド海戦をモデルケースとして、戦艦の建造と砲撃戦の訓練を進めていた。しかし、実際に第2次大戦が勃発すると、航空機の圧倒的優位がすぐに明らかとなり、大艦巨砲主義は過去の遺物として葬り去られたのである。

前述の某士官が、私とは比較にならないほど幅広い軍事知識を持っていたことは言うまでもない。しかし、その知識の多くは、彼にとっての「過去の戦い」であるベトナム戦争に関するものだった。そのためにベトナム戦争のイメージにどうしても引きずられ、予測を誤ってしまったのだろう。

過去の知見に囚われて視野狭窄《きょうさく》に陥るのは、何も職業軍人に限ったことではなく、「専門家」と呼ばれる人たちの間でよく見られる現象である。知識が特定の案件に偏《かたよ》っていて、新しい着想が浮かびにくく、どうしても思考がパターン化してしまうためだ。ある意味では、職業軍人も軍事活動の専門家だからこそ、過去の経験に縛られるのだろう。

専門家という人種を理解するには、「牛乳瓶の底」のような分厚い眼鏡をかけている人々と考えればよい。倍率の高い眼鏡で細部まで読み取ることができるが、その視界は手元のごく一部に限られている。したがって、時として専門家ならではの間違いを犯すことがある。

その典型が、「和歌山砒《ひ》素《そ》カレー事件」における医療機関の対応である。

和歌山砒素カレー事件と、女子中学生のレポート

平成10年7月、和歌山市園部で開催されていた自治会の夏祭りで、住民に供されたカレーの中に砒素が混入され、4人が死亡する事件が発生した。この事件の犯人として、詰めかけた報道陣に向けて楽しそうに水を撒《ま》いていた怪女が逮捕されたことは、改めて説明するまでもないだろう。

本事件に関して、『文藝春秋』の同年10月号に「毒入りカレー殺人　犯人は他にもいる」と題した衝撃的なレポートが掲載された。このレポートが指弾したのは、事件当初の段階で和歌山市保健所が黄色ブドウ球菌による食中毒と誤判定した一件である。

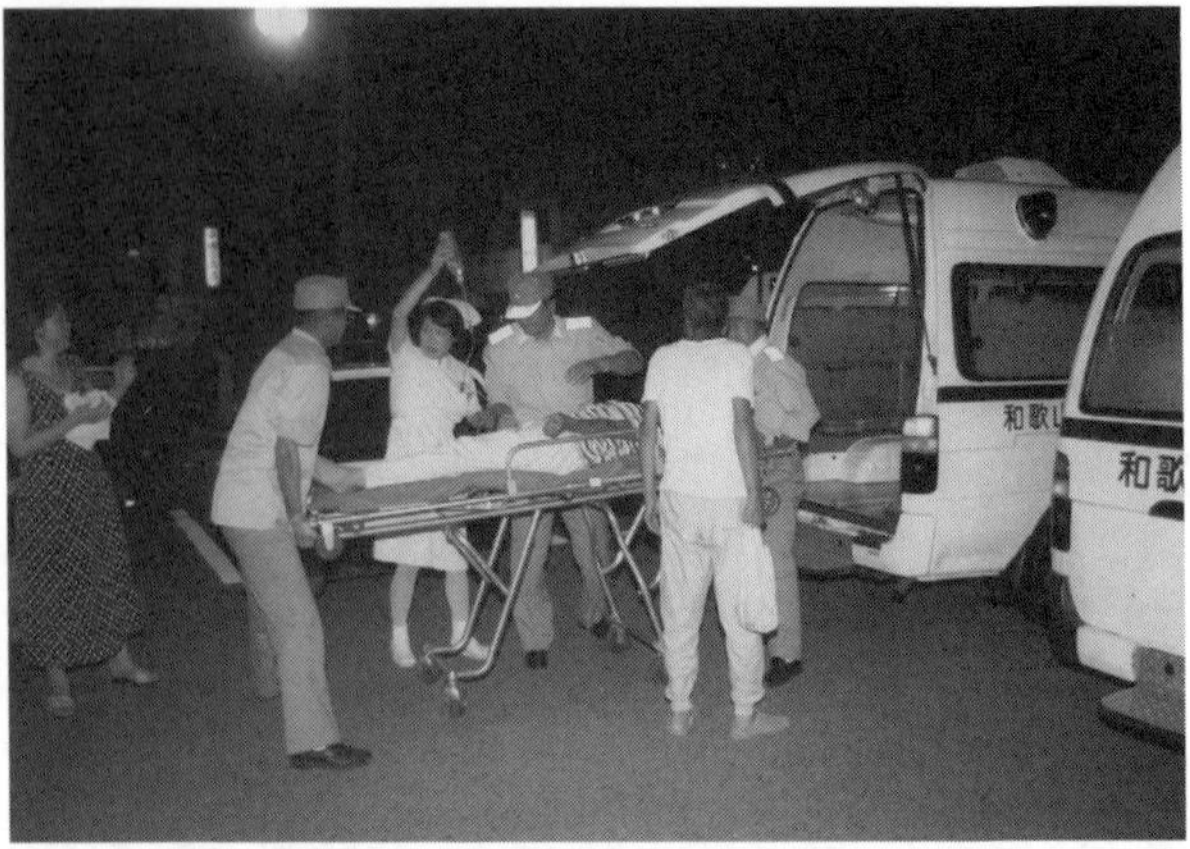

和歌山砒素カレー事件の被害者を搬送する救急隊員ら

本レポートは、
・カレーの調理を終えてから配膳するまで1時間ほどであり、鍋の中で黄色ブドウ球菌が増殖するだけの時間がなかった
・黄色ブドウ球菌の場合には中毒症状が現れるのに約30分間から6時間を要するが、多くの被害者は食事後わずか数分間で発症した
の2点から考えて、この判定は専門家らしからぬミスだったとしている。

そして、医療関係者がこの誤判定に基づいて治療を続けた結果、胃洗浄、下剤・解毒剤の投与など毒物中毒向けの措置を取るのが遅れ、死者の発生という最悪の事態を招いたと結論づけた。つまり、砒素カレー事件には医療事故の側面があると指摘したわけだ。

実際に危機管理を担当した経験を持つ私は、現場では情報の混乱や錯誤がつきものであることを承知しているので、ここまで言い切ることには抵抗がある。とはいえ、最初の死亡者が発生したのは事件発生の9時間後であり、最後の4人目の被害者が死亡したのは16時間後だった。「もう少し早い段階で適切な医療処置がなされていれば……」との感は拭《ぬぐ》えない。ちなみに、患者が運び込まれた医療機関の中で、県立医大付属病院だけは早い段階で独自に胃洗浄に着手したので、死亡者が一人も発生していないということだ。

このレポートの筆者は当時中学3年生であり、もともとは夏休みの理科の自由研究として始めたという。彼女は、本事件のニュースを聞いて素朴に感じた疑問について、インターネットを中心にこつこつと情報を集め、以上のような結論に達したものだ。このレポートは『四人はなぜ死んだのか　インターネットで追跡する「毒入りカレー事件」』というタイトルで文藝春秋社から出版されているので、一読をお薦《すす》めする。

専門家の落とし穴「始めに結論ありき」

前述のレポートが指摘したように、黄色ブドウ球菌による食中毒とするには不可解な事実が現場でも次第に明らかとなった。それにもかかわらず、保健所では食中毒の原因を再検討しようとしなかったようだ。

事件の6時間後に開かれた記者会見でも、保健所長は黄色ブドウ球菌が原因と言い切っていた。再検討するどころか、カレーの調理に使った大鍋を洗ってしまうように保健所職員が指示している。証拠そのものである大鍋の洗浄は、もはやこれ以上調査する必要がないという意思表示そのものだ。結局、事件発生の11時間後に死亡者の司法解剖で毒物反応が検出されるまで、この思い込みは遂に是正されなかった。

それでは、食中毒の専門家であるはずの保健所がどうしてこのようなミスを犯したのだろうか。その原因は、まさに「専門家」ならではの陥穽《かんせい》にあったと推察される。

厚生労働省が調査した「平成15年食中毒発生状況」によると、総件数の92パーセントが細菌またはウイルスによるものだ。その他の大半はフグ毒、キノコ毒などの自然毒のケースであり、化学物質による食中毒はわずか0・5パーセントである。保健所側では、おそらく化学物質という選択肢をまったく意識していなかったに違いない。そもそも楽しい夏祭りの場で食べ物に毒が混入されるなど常人の想像を超えている。

化学物質を最初から除外して考えると、カレーの食材や加熱調理した点などから、自然毒やウイルス性食中毒の可能性はなく、細菌性食中毒の代表であるサルモネラ菌、腸炎ビブリオ、カンピロバクターとも違う。残る選択肢はボツリヌス菌、Ｏ―１５７、黄色ブドウ球菌くらいだが、このうちで急激な嘔吐などの症状が現れるのは黄色ブドウ球菌だけだ。おそらく保健所側では、当初に簡単な説明を受けた時点で、専門家としての経験則に基づき、「これは黄色ブドウ球菌が原因だ」と思い込んでしまったのだろう。

普通人であれば、まず事実関係について様々な情報を集めた上で、結論は何なのかを考える。しかし専門家は、十分に事実を確認しないうちから、「ああ、これは○○だ」と判断を下してしまう癖《へき》がある。真実を見つけようとするのではなく、自分の知見の範囲内で結論を当てはめてしまうわけだ。

何しろ専門家なので、このような即断も大抵の場合には正鵠《せいこく》を射ている。しかし、決して間違いがゼロというわけではない。そのような時にはすぐ修整すればよいが、思い込みが一旦形成されてしまうと、その是正はなかなか困難なものだ。様々な情報の中から自分の思い込みを正当化する情報だけを無意識のうちに選び取り、逆に都合の悪い情報は軽視してしまうのが人間の性《さが》である。

また、どのような案件でも例外というものは必ず存在する。そして専門家は、この例外事例を山ほど承知している。そのため、当初の見込みと反する事実が明らかとなっても、「○

○の時にも××の症状が現れたことがあった」と過去の例外事例を引き合いに出して自分自身を納得させてしまうのである。

おそらく保健所側では、急激な嘔吐、腹痛、下痢など黄色ブドウ球菌による食中毒と共通の症状にだけ目を向けて、前述のレポートが掲げたような矛盾点を看過《かんか》してしまったものと思量される。いわば専門家としての経験と自信が、かえって真相の究明を阻害してしまったというわけだ。

専門性の壁

医療現場では、患者の症状があまりに激しいので、「普通の食中毒とは違うのではないか」「何かの原因で農薬が紛れ込んだのではないか」と患者の家族がさかんに訴えていた。医師自身も「何かおかしい」と感じていたらしい。しかし、前述のように県立医大付属病院を除く医療機関では、保健所の判断に従って、細菌性食中毒向けの治療を継続していた。

医療も様々な分野に細分化されており、たとえ救急医療関係者でも、食中毒に関して十分な知識を持ち合わせている者はほとんどいなかったことだろう。しかし、人命を預かる立場としては、「何かおかしい」と感じた点をそのまま放置すべきではなかった。

仮定の話になってしまうが、医療関係のネットワークにどんどんアクセスしていけば、手掛かりを掴《つか》むことは可能であったように思われる。例えば、化学物質の中毒に関しては、昭和61年に設立された財団法人日本中毒情報センター（ＪＰＩＣ）が情報提供を行っていた。毒物中毒かもしれないと目星さえつけば、後はそれほど難事ではない。砒素は青酸と並んで最もポピュラーな毒物であり、急性中毒関係の文献には、その症状や治療法が詳細に記述されているからだ。

しかし担当医師たちは、「食中毒は専門外だから」と判断を保健所側に預けてしまったようだ。ここにもう一つの専門家の欠点が見え隠れしている。

専門家は自分の専門領域については詳しいが、それ以外の分野については知識の修得に不熱心なことが多い。専門家としてのテリトリーに閉じこもってしまうわけだ。砒素中毒が判明した後でも、マスコミの取材に対して「どのように治療したらよいのかわからない」と答える医者まで存在した。この受動的な姿勢には呆《あき》れるしかないが、これが専門家というものかもしれない。

専門性の壁は、医者の世界だけに限定される話ではない。近年、科学技術の高度化に応じて、専門家がさらに枝分かれして細分化しつつある。専門知識が深化するのは決して悪いことではないが、その一方で、一人の専門家がカバーできる範囲がどんどん狭くなっている点が危惧《きぐ》される。自分の蛸壺のことしかわからない専門家ばかりになれば、諸分野の狭間《はざま》で「まずい!!」が頻発することは避けられないからだ。

オーケストラは様々な楽器の奏者から構成されているが、それぞれの演奏を一つのハーモニーとして調和させるのが指揮者である。それと同様に、今後の問題解決に当たっては、様々な分野の専門家の知見を横断的に結集するコーディネーターの役割が重要になるだろう。

ちなみに、本事件の反省を受けて、消防指令を中心に患者の症状などの医療情報を集約し、日本中毒情報センターに照会するシステムが平成13年に整備された。このシステムは、化学テロ対策の一環という位置付けであるが、砒素カレー事件のような集団食中毒事案にも応用が可能である。

第5章

リスク管理の要諦《ようてい》

第一節　撤退判断の難しさ
～リスク管理に「もったいない」は禁物～

「コンコルドの誤り」とは

最近、「MOTTAINAI」という言葉が流行《はや》りつつある。2004年にノーベル平和賞を受賞したケニアのワンガリ・マータイさんが、来日中に出会った言葉「もったいない」に感銘を受け、環境保護の合言葉として世界に広めようと運動しているらしい。

このワンガリ・マータイさんは植林運動に業績を上げ、また、母国の民主化にも貢献した立派な人物である。しかし、「もったいない」の意義を語る際、水戸黄門の印籠のように彼女の評価を持ち出す日本の関係者には、いささか辟易《へきえき》させられる。日本の良いところをわざわざ外国人に「発見」してもらわなければならないのだろうか。

考えてみれば、日本国内では二束三文の扱いであった浮世絵に美術品としての価値を見いだしたのは外国人である。外国で極めて評価の高い日本の漫画文化も、つい先日までは識者から「俗悪」とレッテルを貼られていた。日本人自身に見る目がないのであれば、舶来の評価基準に縋《すが》るしかなかろう。

いずれにせよ、「もったいない」の精神が見直されること自体は大変に結構な話である。私自身も物持ちがよいことが自慢で、愛用のコートは15年選手になる（単に小遣いが少ないためかもしれないが）。ただし、個人の生き方というレベルを超えて、組織としての意思を決定する段階で「もったいない」が持ち出されると、大きく方向を誤ることになりかねない。「もったいない」とは、少し見方を変えると、「過去に対する執着」にほかならないからだ。

この種の失敗の危険性を示すものとして、組織行動学の分野では、「コンコルドの誤り」という言葉が使われている。コンコルドとは、かつて英仏が共同開発した超音速旅客機のことだ。最高速度マッハ２・０でパリ―ニューヨーク間をわずか3時間45分で飛び、鶴の頭のように折れ曲がる機首と三角翼に代表される同機の未来的なシルエットは、多くの航空ファンを魅了した。

コンコルド計画がスタートしたのは、１９６２年である。何しろ初めての試みばかりなので、予定よりもはるかに開発が遅れ、開発費用は当初見込みを大幅に超過してしまった。さらに、販売見込みに対しても疑問が提示された。当時の航空ビジネスは旅客の大量輸送へとシフトしつつあったが、コンコルドの細長い機体にはわずか１００人の旅客しか乗せられず、燃費も非常に悪かったためだ。

そこで、開発の中途段階で、計画の収支について改めて試算がなされた。すると、今すぐ開発を中止して違約金を支払うほうが、このまま開発を続けた場合よりも損失額が軽微で済むという結論が出たのである。

それでも、コンコルド計画にストップがかけられることはなかった。様々な理由が挙げられたが、その根底に見え隠れするのは「もったいない」の心理である。ここまで開発を進めてきたのだから、今さら中止するのは惜しいという執着が関係者の判断を狂わせたのだ。

かくして莫大な資金が追加投入され、69年にようやく完成にこぎ着けたが、やはり買い手は現れなかった。採算ラインは250機とされていたが、実際には、開発当事国である英仏の国営航空会社向けにわずか16機を納入したにとどまった。早くも76年には製造中止が決定され、コンコルド計画は完全な失敗に終わった。

このように、大規模プロジェクトの途中段階で失敗に気が付いたにもかかわらず、関係者の執着により撤退の判断が行われず、そのままなし崩し的に計画が進められる現象を「コンコルドの誤り」と呼ぶ。日本史上に名高い長篠《ながしの》の合戦も、実は「コンコルドの誤り」の典型である。

長篠《ながしの》の合戦と武田勝頼の誤算

天正3年（1575）5月、武田軍の包囲を受けた三河東部の長篠城を救援するために織田・徳川連合軍が出撃し、長篠城西方の設楽《したら》ヶ原で両軍が激突した。戦国史上で最も名高い長篠の合戦である。この戦いで山県昌景・馬場信房等多数の宿将を討ち取られた武田家は、その後坂を転げ落ちるように衰退していった。その一方で、大勝利を収めた織田信長は、天下布武《ふぶ》に向けて邁進《まいしん》していくこととなる。まさに天下の趨勢《すうせい》を決定づけた一戦であった。

長篠の合戦については、武田勢が織田軍の鉄砲隊に対し無謀な突撃を敢行したとされ、武田方の総帥《そうすい》武田勝頼の暴勇を批判する見解が流布している。しかし、これはまったくの虚説である。武田軍が敗北した真の理由は、「コンコルドの誤り」により撤退の判断ができなかったことだ。

それでは、まず通説に対する反駁《はんばく》から始めることにしよう。実は、武田方も鉄砲の威力を十分に承知していた。天文12年（1543）に種子島に伝来した鉄砲は、その後の約30年間に急速に普及し、当時の武田家でも鉄砲の調達を進めていたのである。装備数が少なかったのは、単に鉄砲やその弾薬が高価だったためだ。実際の戦闘経過でも、狙撃から少しでも身を守るために、武田勢は何十本もの青竹を組み合わせた防弾盾を前面に出して敵陣に攻め寄せていった。

織田軍のいわゆる「鉄砲の三段撃ち」も決して新戦術というわけではない。発射間隔が長いという鉄砲の短所を補うために、鉄砲3挺を1組としてローテーションで射撃することなど誰でもすぐに思いつく話である。同じく飛び道具の弓については、三段に構えて射掛ける戦術が源平時代から普及していた。信長は、その方式を鉄砲隊に当てはめただけのことだ。武田方としても、敵の鉄砲装備数が多い以上、間断なく射撃を浴びせられることは最初から予想していたはずである。

武田方が敗れたのは、単純に戦力が少なかったためだ。1万5000の武田勢に対し、織田・徳川連合軍は3万5000の大兵力を動員していた。「衆寡《しゅうか》敵せず」の言葉が示すように野戦では兵数が何よりも重要であり、倍の兵力差というのは圧倒的だ。戦術的に考えれば、織田・徳川連合軍の強力な救援部隊が到着した時点で、武田勝頼は城攻めを断念して退却すべきであった。それができなかったのは、「もったいない」という意識に囚《とら》われたためだ。

大規模な軍事作戦を実施するには、兵員や人夫の動員あるいは兵糧《ひょうろう》や資材の調達に膨大な財政負担を要する。また、それまでの長篠城に対する城攻めの過程で、城内からの激しい銃撃により武田方の将兵多数が既に死傷していた。そこまでして長篠城を陥落寸前まで追い込んだのに、ここで包囲を解いて退却すれば、織田・徳川連合軍は長篠城の防御施設を修築し、守備兵を増強するだろう。すべての労苦が水泡《すいほう》に帰すことに、武田勝頼は耐え切れなかったのだ。

また、長篠城それ自体の戦略的価値も極めて大きかった。長篠の地を確保できれば、徳川家の本拠三河に対する侵攻ルートが開ける。既に武田家は、遠江方面では二俣城と高天神《たかてんじん》城を奪取し、浜松城に籠《こ》もる徳川家康を圧迫していた。ここで三河方面にも兵を進めて徳川方を側背《そくはい》から脅かせば、戦局は著しく有利になる。武田家としては、まさに喉から手が出るほどに長篠城を欲していたのだ。

かくして作戦の続行を決めた武田勝頼だったが、それでも寡兵《かへい》で大敵に合戦を挑むほど愚かではなかった。長篠城西方の丘陵地に構築した野戦陣地を使って、持久戦に持ち込むことにしたのである。敵の後詰部隊を数日間足止めすれば、その間に長篠城は陥落するという計算だった。強固な野戦陣地で守り防げば、3倍以上の敵軍にも対抗できる。ちなみに、関ヶ原合戦で東軍の集中攻撃を受けた石田隊が長時間にわたって持ち堪《こた》えたのも、野戦陣地によるところが大きい。

勝頼にとって大きな誤算だったのは、徳川方随一の戦《いくさ》上手として知られる酒井忠次の率いる5000もの別働隊が、山間部を大きく迂回して武田方の背後に進出したことだった。長篠城守備隊と合体した酒井隊は、手薄となっていた武田方の後方部隊を次々と撃破していった。これにより持久作戦は根底から崩壊し、武田勢は狭隘《きょうあい》な谷の中で前後を敵に塞《ふさ》がれる形勢となった。

武田勝頼には、もはや取るべき手段は一つしか残されていなかった。乾坤一擲《けんこんいってき》の主力決戦である。しかし圧倒的な戦力差をはね返すことができず、ついに壊滅するに至った。長篠城に対する執着により撤退に踏み切れなかったことが、武田家の墓穴を掘る結果となったのである。

なぜ撤退は難しいのか

既に費消されてしまって今さら回収する方途がない資金を、経済学の用語でサンク・コスト（Sunk Cost：埋没費用）と呼ぶ。例えば、A社が生産力増強の目的で100億円を投資して新工場を設立したとしよう。しかし、ライバル企業が画期的な新商品を売り出した結果、A社の製品は値崩れして原価割れとなった。A社の見込みは大きく狂ったが、100億円は既に新工場建設に投資してしまったので、もはや現金に戻すことは不可能である。この100億円がサンク・コストというわけだ。

「コンコルドの誤り」は、まさにこのサンク・コストの問題である。泣こうが笑おうがサンク・コストが手元に戻ってくるわけではない。サンク・コストはいわば「過去の話」であるので、今後の経営計画について判断する場合には、このサンク・コストを計算に入れてはならない。前述のA社のケースで言えば、せっかく新工場を作ったのだからと計画を続行すれば、製造するだけ赤字が嵩《かさ》み、さらに事態を悪化させることになるのである。

もともと人間には、自分の行ったことに「意味」を付与したがるという特性がある。古代ローマで罪人に課された最も苛酷《かこく》な刑罰は、穴を掘り、それをまた埋め戻すという「無意味」な作業を延々と繰り返させるものだったという。相手が牛馬であれば、このような作業を続けさせても何も感じないだろうが、人間にとっては、意味のないことそれ自体が大きな苦役となり得るのである。

「コンコルドの誤り」も、基本的にはこれと同根と考えられる。プロジェクトの関係者とすれば、それまでに費やしてきた資金や時間、あるいは労力が無意味であったとは思いたくない。

その結果、プロジェクトの継続を正当化する理屈をひねくり出したり、結論を先送りしたりするのだ。

したがって、計画が壮大なものであるほど「コンコルドの誤り」が発生しやすい。それまで膨大な資金や労力を投下したという事実の重みが、判断を狂わせるのである。卑近な例として、パチンコのことを考えてみよう。3000円を機械に呑まれた段階であれば、まだ諦《あきら》めがつく。しかし、3万円となるとそうはいかない。「3万円も注《つ》ぎ込んだのだから、もうすぐ大当たりが出るに違いない」という意識に陥《おちい》り、やめられなくなるのが大ハマリの典型的パターンだ。

大規模なプロジェクトで「コンコルドの誤り」が発生した場合、当然のことであるが、そのマイナス面のインパクトは極めて大きくなる。当のコンコルド計画では、最終的な開発費用は当初予定の実に5倍に膨れ上がったという。また、記憶に新しいところでは、バブル崩壊後、赤字を垂れ流す新規事業分野からなかなか撤退する踏ん切りがつかず、経営を悪化させる企業が続出した。

ちなみに、人間以外の動物には、「コンコルドの誤り」は認められないという。過去の行為に執着したり、くよくよと悩んだりするのは人間だけということらしい。

ある意味で、人間は複雑であるが故に思考の迷路に陥るのである。様々な夾雑物《きょうざつぶつ》を頭の中から閉め出し、筋道に沿ってシンプルに考えることが、リスク管理の基本の一つと言えるだろう。

第二節　監視機構の実効性

～お目付役は大丈夫？～

相次ぐ不正経理事件は、なぜ起きる

2001年、全米第7位の巨大企業であったエンロンが巨額の損失を隠蔽《いんぺい》していた事件が発覚し、エンロンは倒産、不正経理に深く関与していた会計事務所アンダーセン（当時の世界5大会計事務所の一つ）も破綻《はたん》した。米国では、その後もワールドコム、タイコ・インターナショナル等々の大企業で不正経理事件が相次いで発覚し、大きな経済問題に発展した。

日本でも、これらの事件を対岸の火事と見ているわけにはいかない。平成17年に発覚したカネボウの粉飾決算では、同社の監査を担当した中央青山監査法人（監査法人とは、5人以上の公認会計士により組織される会計監査専門の会社）の公認会計士が、事件に関係していたことが明らかになった。平成14年及び15年の決算時に、カネボウが既に大幅な債務超過に陥っていたにもかかわらず、カネボウ旧経営陣と事前協議して、資産超過と虚偽の記載をした有価証券報告書を「適正」と評価したものである。

問題の中央青山監査法人は業界第2位の大手であり、その理事長はかつて日本公認会計士協会の会長を務めていたほどだ。しかし同監査法人では、カネボウのケース以外にも次のような問題事例が発覚している。

・ヤオハンジャパン（平成9年に経営破綻、負債総額約1600億円）が決算を粉飾して違法配当していた事件について、大蔵省から戒告処分を受ける（その後、ヤオハンジャパンの株主から訴訟が提起され、中央青山側が約3億7000万円を支払って和解）

・山一証券（平成9年に経営破綻、負債総額約3兆5000億円）の粉飾決算を見逃したとして破産管財人から提訴される（中央青山側が5年度分の監査報酬約1億6000万円を返還して和解）

・足利銀行（平成15年に経営破綻、一時国有化）が決算を粉飾して違法配当していた事件について、金融庁から戒告処分を受ける（同銀行新経営陣は中央青山に対して損害賠償訴訟を提起）

ただし、中央青山監査法人が特異な例外とは言い切れない。公認会計士に関しては、ほかにも問題事例が相次いでおり、その中でも特に悪質なのが以下の3件である。

・三田工業が平成9年まで5年間にわたって粉飾決算を行い、株主に違法配当していた事件について、粉飾を見逃すかわりに高額の報酬を受けていた公認会計士が商法特例法の収賄罪で検挙され、懲役2年（執行猶予4年）の判決を受ける

・運送会社「フットワークエクスプレス」が平成9年から11年にかけて約400億円の架空収益を計上していた事件について、虚偽の財務書類と認識しながら監査証明を出していた瑞穂監査法人（当時国内第9位）が1年間の業務停止処分を受ける

・害虫駆除会社「キャッツ」の経営者が株価操作の資金を捻出《ねんしゅつ》する目的で平成13年度決算を粉飾した事件について、この偽装工作を発案したのが同社の監査を担当していたあずさ監査法人の公認会計士であったことが発覚する

まさに、公認会計士という職業の信頼性を根底から揺るがすような事件のオンパレードである。このように業界全体で問題事例が続発している以上、現在の公認会計士制度には、何らかの構造的な欠陥があると考えなければならない。

公認会計士制度の矛盾

世間では公認会計士を経営コンサルタントと同列に扱うことが多いが、仕事の性質は大きく異なる。コンサルタント業がアイデアや閃《ひらめ》き一つで多額の収入を得られるクリエイティヴ

な性格を持つのに対し、公認会計士の業務は、山のような帳簿を前に数字を一つひとつ突き合わせていく単純作業の連続であり、マンパワー依存の労働集約型産業というのが実態である。

あくまで有価証券報告書が適正であるか否かを判定する仕事であるので、成果という面で、監査法人の間での違いは無きに等しい。このような業種では、同業者間の過当競争が基本的に発生しやすく、それを回避するための「営業努力」が重要なポイントとなる。ここで問題になるのは、監査法人の営業努力の対象となる「顧客」が誰かということだ。

公認会計士が有価証券報告書の監査を行うのは、企業側が一般投資家に対して発信する有価証券報告書という経営情報にウソがないかどうかを判定するためである。つまり、公認会計士の監査によって利益を受ける受益者は、一般投資家ということになる。

その一方で、監査法人に対して報酬を支払う費用負担者は、監査対象の企業である。しかも、どの監査法人に監査させるかを企業側が選択できるというのが、現行の公認会計士制度である。公認会計士にしてみれば、企業は厳しく監査すべき対象であると同時に、「顧客」でもあるわけだ。

公認会計士は、監査という公的機能を果たす一方で、その経営の実質は一般の民間企業と変わらない以上、「顧客」である企業サイドに対して営業努力に励まざるを得ない。ここに、本来は企業側を監視する立場であるはずの公認会計士が、企業ともたれ合いの関係に陥りやすくなるという構造的矛盾が生じるのである。過去にも、監査法人の役員に相当する代表社員が、監査対象企業の経営陣と酒食を共にし、一緒にゴルフをプレーする光景は決して珍しくなかった。

また、公認会計士の業務の面でも、監査対象企業との関係が濃密になりやすい事情が存在する。監査を的確に実施するには、その企業の業務内容や会計実務の特徴などを十分に理解する必要があるため、公認会計士が長期にわたって同一企業の監査を続けたほうが効率的なのだ。ちなみに、日本公認会計士協会が平成17年10月に自民党金融調査会に対して行った説明でも、いわゆる4大監査法人（新日本、中央青山、トーマツ、あずさ）では、約3割の公認会計士が7年以上同じ企業の監査を担当していたということだ。

前述のカネボウのケースでも、中央青山監査法人（合併前は中央監査法人）は昭和50年からカネボウの監査を担当しており、俗に言えば「ズブズブ」の関係にあったという。証券取引法違反で逮捕された担当の公認会計士3人は、「監査で『不適正』の意見を出すとカネボウが倒産してしまうと思った」「長年の顧客だから強く言えなかった」などと供述しており、公認会計士と監査対象企業の密接すぎる関係を如実に示している。

耐震強度偽装事件は氷山の一角

「権力は腐敗するから、常に監視しなければいけない」というのは、市民活動家の大好きなフレーズである。しかし、腐敗するのは権力者だけではない。大抵の仕事では、ズルをすること、すなわち顧客や他人に何らかの迷惑をかけることによって、余分な利得を得ることが可能である。そして、そのような悪質行為を法律や規則だけで封じ込めることはできない。

そこで、社会的な影響が特に大きい業務は行政機関が直接監督し、それに準ずる業務については民間の監視機構が整備されている。例えば、前述の公認会計士制度は、悪徳経営者が虚偽の会計報告により一般投資家を騙《だま》すことを防止するための監視機構である。

しかし、監視機構それ自体も、決して聖人君子の集まりではない。いかに職業倫理を提唱したとしても、背に腹はかえられない状況に追い込まれれば、節を枉《ま》げる者が必ず出てくるものだ。そのため、監視の実効性を確保するためには、監視機構側の利害と「受益者」の利害が一致するようにシステムの細部を設計することが有用である。これとは逆に、公認会計士制度のように、監視機構側の利害と「監視対象」の利害が一致していれば、両者の共謀を誘発することになる。

平成17年、強度不足で耐震性に問題のあるマンションやホテルが多数建設されていた耐震強度偽装事件が発覚し、大きな社会不安を引き起こした。この事件も、建築物の強度をチェックする立場にある建築士（＝監視機構）が、建設コストを引き下げたいという建築会社（＝監視対象）の意向に逆らえなかったことが原因である。

問題のA建築士は、取引先の建設会社担当者から「1平方メートル当たりの鉄筋をあと○キロ減らしてくれ」などと圧力を受けていた。「これ以上減らすと安全上問題になるので無理だ」と説明すると、「それなら他の設計事務所に発注するぞ」とまで言われ、やむなく偽造に踏み切ったと語っている。

設計事務所というと大仰《おおぎょう》な響きがあるが、A建築士の設計事務所は個人経営であり、その事務所は自宅兼用である。その立場も、元請けの設計事務所から構造計算の委託を受ける「下請け」にすぎなかった。大口顧客を失うことを怖れたA建築士が構造計算書の偽造を開始し、大幅なコスト削減に喜んだ建設会社が次々と新しい案件をA建築士のもとに持ち込んだというのが事件の図式である。

この事件の関係で全国的に耐震強度の点検が進められた結果、A建築士が関与した物件以外にも、安全性に問題のあるマンションが各地で発見された。驚くべきことに、その中には大手デベロッパーの物件も含まれている。あくまでA建築士の件は「氷山の一角」にすぎず、建築士という監視機構の持つ構造的な欠陥が、偽装事件の背景に存在していると考えるべきであろう。

ちなみに、私がいつもお話をうかがっている災害対策の権威は、「A建築士には国民栄誉賞を与えるべきだ」と喝破《かっぱ》した。この方は、かねてから建築業界の体質というものに強い危機感を抱いていたが、耐震強度偽装事件が発覚したおかげで、ようやくこの問題に社会の耳目が集まるようになったというのである。あまりに皮肉な話であるが、実際に痛い目に合わなければ何も変わらないというのが我が国の体質なのかもしれない。

〝監視できない〟監視機構

この偽装事件では、耐震強度のチェックに関わるもう一つの監視機構も機能していなかったことが明らかになった。国土交通大臣の指定を受けて構造計算書を審査している民間確認検査機関が、A建築士の行った偽造行為を見抜けなかったのである。

A建築士の偽造の手口は非常に単純であり、計算書の前半部分では正規の数字を示す一方で、所要の鉄筋量を算出する後半部分では、地震の際に建物にかかる応力の数字を改竄《かいざん》するというものだった。いわば羊頭狗肉《ようとうくにく》の計算書を作成したのである。したがって、計算書をきちんと検算していれば、偽造を発見することは決して困難ではなかった。A建築士自身も、「当初は、偽造が見つかったら直《す》ぐに差し替えるつもりで真正の計算書も準備していたが、偽造計算書がそのまま審査を通過してしまった」と説明している。

この事件に関して言えば、民間確認検査機関大手のE社に持ち込まれた偽装案件の数が突出して多く、約半数がE社関連である。その理由について、A建築士は「E社は審査が『甘い』ことで業界内の評判だった」と説明している。実際にも、多数の偽装案件を持ち込まれたE社では、社内の誰一人として改竄を見抜くことはできなかった。このような杜撰《ずさん》な審査状況が、偽装事件の拡大を招来した可能性は否定できない。

このE社は、検査が非常に早いことをセールスポイントにして、顧客を急拡大していたと報道されている。たしかに同社の売上高は、平成14年度には1億3000万円だったが、2年後の平成16年度には11億2000万円に急上昇している。同社の中では、とにかく検査を早く済ませる（＝顧客を満足させる）ために、確認作業の手間をできるだけ省くような悪慣行が広まっていたのではないだろうか。

ちなみに、自治体が行ってきた建築確認業務が民間に開放されたのは、平成11年のことである。それ以来、民間検査機関による確認件数は急カーブで上昇し、早くも平成16年度には、民間の確認件数が行政のそれを上回るに至った。その一方で、検査機関の数も急増して競争が激化し、業界は検査料引き下げや検査期間の短縮などで過当競争状態に陥っていると指摘されている。

その意味では、民間確認検査機関についても、制度に内在する構造的欠陥が問題の根底にあると言えよう。

近年、規制緩和の大義名分のもとに、これまで行政機関が行ってきた規制措置を撤廃したり、行政の役割を民間に開放したりする動きが進められてきた。たしかに、役所があれこれ口出しすることが、社会経済の活力を殺《そ》いできた側面があることは否めない。しかし、観念的な「役人性悪・民間性善説」に偏するのではなく、社会の中で行政が本当に果たすべき機能は何なのかを問い直す機会を、この事件は提示しているように思われる。

なお、A建築士は、構造計算書の作成のために国土交通省が認定した計算ソフトを改変し、計算書の前後で異なる数字を入力できるようにしていたと伝えられている。システム工学的には、使用者による改竄ができないように計算ソフトに電子的な「鍵」をかけることは決して難事ではない。

その意味では、偽変造対策を施していない計算ソフトを認定・流通させた国土交通省に責任の一端があるとする見方も可能だろう。

第三節　悪魔は細部に宿る
～些細な問題がシステム全体を停止させる～

カラシニコフ銃の信頼性が高い理由

中東やアフリカなどの紛争を伝える映像がテレビに流れる時、いつも目にする銃がある。軍事問題についてまったくの素人でも、「バナナのような弾倉を持つ銃だよ」と言われれば、「ああ、あの銃のことか」とすぐに思い浮かべることだろう。その銃の名はＡＫ47突撃銃、旧ソ連の銃器技術者ミハイル・カラシニコフが開発したので、カラシニコフ銃とも呼ばれている。

この銃が登場したのは60年も昔のことだが、いまだに１００カ国以上の軍隊や警察で使用されている。旧ソ連以外にもたくさんの国々で生産されたため、累計製造数は約１億挺と推定されている。間違いなく歴史上最も大量に生産された兵器だ。

ただし、現在の水準からみれば、ＡＫ47の性能は決して高いとは言えない。それでも様々な戦場でいまだに使用されているのには理由がある。「ＡＫ47は泥水に浸《つ》けても射撃できる」

と言われるほど、どのような悪条件下でも確実に弾丸が出るのだ。前線の兵士にとって、これほど心強いことはない。

特に第三世界の戦場は、砂塵《さじん》の舞う砂漠や湿度の高いジャングルであり、器械にとっては最悪の環境だ。普通の軍用銃だと、頻繁に掃除をしないとすぐに射撃不能になってしまうが、そういった地域では兵員のレベルが概して低く、武器整備の面であまり期待できない。だからこそ、ろくに手入れしなくても射撃できるＡＫ47が重宝されるのである。

ＡＫ47の秘密は、部品数が極めて少なく、構造が単純である上に、銃のいたるところに余分な隙間があることだ。銃内部に入り込んだ泥や埃《ほこり》も、この空隙《くうげき》部分に押し込まれてしまうので、銃の作動には影響を与えないのである。要するに、シンプルでアバウトな造りだからこそ、信頼性が高いというわけだ。

しかし、西側の軍用銃ではそうはいかない。様々な機能が付いているので構造が複雑であり、部品個々の精度も非常に高い。そのため、微細な砂の粒子が部品の隙間に噛《か》み込んで、すぐに射撃不能になってしまうのだ。ある意味で西側の軍用銃は、なまじ精密に設計されているだけに、故障しやすいということになる。

実は、組織やシステムについても同様のことが言える。組織が大きくなればなるほど、そしてシステムが複雑になればなるほど、瑣末《さまつ》な障害が全体に対して重大な悪影響を及ぼす可能性が高くなる。ひと頃、金融機関で相次いで発生したシステムダウンも、元をただせば、プログラムのわずかなバグが原因である。

私が少年時代を送った昭和四十年代のような長閑《のどか》な日本に回帰することはあり得ず、今後も社会や経済が拡大・複雑の度を進めていくことは疑いない。そうである以上、些細な問題がもたらす脅威のインパクトは今後さらに強まっていくと考えるべきである。失敗学では「悪魔は細部に宿る」という格言がよく使われるが、大きな事件や事故を防止するためには、細部に潜む「悪魔」を見つけだし、排除していくことが必要とされているのだ。

大和銀行巨額損失事件の顛末《てんまつ》

近年、企業不祥事が続発していることを受けて、企業の内部統制システムについて盛んに論じられるようになった。それ自体はたいへんに結構なことだが、その議論が内部統制システムの意義や制度に偏《かたよ》っている点には疑問を感じざるを得ない。私の見る限りでは、日本における企業不祥事の多くは、内部統制システムがなかったために発生したのではなく、何らかの理由で内部統制システムが本来の機能を果たしていなかったことが原因であるからだ。

例えば、社内の検査体制が最も充実しているはずの銀行でさえも、社員が長年にわたって使い込みを続けていた事件が発覚することがある。預金や預かり証券の詐取といった事務犯については、内部統制システムがきちんと機能していれば、早期に不正を発見できて当たり前である。それにもかかわらず、どうして何年間も発覚を免れることができたのだろうか。

その理由は、まさに「悪魔は細部に宿る」である。なまじチェック体制が複雑かつ細分化されているために、一部の検査担当者が現場でルーズな運用をしたり、内情を知り尽くした社員が「裏技」を編み出したりすると、内部統制システムが簡単に無力化されてしまうのだ。その典型が、大和銀行ニューヨーク支店の巨額損失事件である。

昭和58年、大和銀行ニューヨーク支店の社員Xが、証券取引関係で生じた損失を取り戻すために、リスクの高い（＝成功した場合の利益も大きい）米国債の無断取引を開始した。しかし、逆に損失を拡大させる結果となり、この損失を穴埋めする目的で同支店が保管していた顧客名義の証券の無断売却を開始した。

その後、Xは米国債の無断取引と顧客証券の無断売却を繰り返したが、大和銀行側はこの不正にまったく気が付かず、平成7年7月、隠蔽工作に疲れ果てたXが自らの行為を告白したことで事件がようやく発覚した。それまでに累積された損失額は約11億ドル（当時の日本円で1132億円）に達し、さらに大和銀行は米国市場からの撤退を余儀なくされ、経営戦略上でも極めて大きなダメージを受けた。

この巨額損失事件では、実に十数年間にわたってXの不正が発見されなかったことになるが、大和銀行側が内部統制システムを備えていなかったわけではない。無論、ニューヨーク支店に対する内部監査も定期的に実施されていた。しかしXは、次のような手法でシステムの裏をかいたのである。

大和銀行では、リスク管理対策の一環として、証券取引の担当者に対し取引限度枠や損失時の手仕舞いルールなどの規制を課していた。この規制が遵守《じゅんしゅ》されているかどうかを確認するため、証券取引部門と事務管理部門を分離し、事務管理部門が取引伝票と相手方から送付される売買確認書を照合する形で取引状況を監視していた。

これに対してXは、無断取引に関しては、そもそも伝票を起票しなかった。そして、相手方から送付される売買確認書も、自席宛てに送付させて廃棄していたのである。事務管理部門には無断取引に関する書面が一切送付されていなかったわけで、Xの不正を発見できなかったのは無理もない。

無断取引である以上、Xが起票しなかったのは当然であるとしても、問題は、なぜ売買確認書がXのところに届けられたのかという点だ。問題のニューヨーク支店では、郵便物を一括管理するメール係を配置し、書留便を受領した場合には、受信簿に日付・発信者・内容等を記載させることにしていた。たとえ売買確認書の宛先がXとなっていても、メール係がきちんと書面の内容を確認していれば、本来の受け取り先である事務管理部門に回送していたはずだ。

つまり、メール係がその職務を果たさず、漫然と作業をしていたことが、Xの不正行為を可能にしたというわけだ。郵便物管理は一見すると単純な庶務作業にすぎないが、実は事務管理部門のチェック体制そのものを根底から揺るがす要素を秘めていたのである。

顧客名義の証券を無断売却した件については、次のような隠蔽手口が用いられた。問題の証券は現物が発行されない登録債であり、大和銀行では、バンカーズ・トラストにその保管を預託した形として、同社から送付される保管残高明細書により残高を確認していた。しかし、ニューヨーク支店に対する内部監査の際に、Xは保管残高明細書を自ら取り寄せ、その数字を偽造した上で監査担当者に渡していたのである。

これは、監査担当者の怠慢と言わざるを得ない。監査関係の証票を外部から取り寄せるときには、監査担当者が自分で手配することが基本中の基本であるからだ。重要な証拠書類である保管残高明細書をX経由で入手するというのは、わざわざXに隠蔽の機会をくれてやるようなものだった。

重箱の隅をつつけ

ニューヨーク支店内でのXは、証券取引係だけでなく、証券保管係も兼任していた。電話一本で済む証券取引と違って、顧客証券の売却には事務手続きが必要であるが、Xは証券保管係の日本人係長を「蚊帳《かや》の外」に置いて、米国人係員に売却を直接指示していた。

このような不自然な指示に係員が唯々諾々と従ったのには理由がある。Xは日本人だが、大和銀行の本社採用ではなく、ニューヨーク支店で雇用された嘱託社員であった。そのため支店内での地位は決して高くなかったが、英語に堪能である上に勤務経験が長いため、次のような形で現地採用の米国人社員を掌握していたのである。

・米国人社員の採用については、Xが個人面接を行うなど実質的な採用担当者となっていた

・現地採用社員の昇給や昇格について、Xが強い発言権を持っていた

・Xは現地採用社員のために勉強会や講習を開催し、強い信頼関係を築いていた

・日本からの派遣社員は英語があまり話せないため、Xが邦人社員と現地採用社員との橋渡し役を務めていた

米国人は自己主張が強いというイメージを抱いている人は多いが、実際には、人事権限を持つ上司に対しては従順である。日本と違って雇用が極めて流動的であるために、「ボス」の顔色を窺《うかが》わざるを得ないからだ。Xは、そのような米国人社員の性向を利用して、日本人係長というチェック機構を迂回したのである。

この件については、そもそもの問題として、どうしてXが証券取引係と証券保管係を兼任していたのかという疑問が浮かぶ。もしもXが証券保管係の担当者でなければ、顧客証券の無断売却を進めることはできなかっただろう。そうなれば、無断取引の損失を補填《ほてん》できず、隠蔽工作は早期に破綻していたはずだ。

実は、もともとXは証券保管係であり、大和銀行が米国内での証券取引業務を開始した際、そちらも兼任するようになったのである。当初の証券取引業務は細々としたものであったため、取りあえず兼務で対応したという事情は理解できないわけではない。しかし、その後ニューヨーク支店での証券取引業務が急拡大していったにもかかわらず、Xの兼務状態は続いた。

これは、証券取引と証券保管の双方で中核的な役割を果たしていたXに、上司がすっかり依存していたためだ。「油」に「火気」を近づけてはならないように、組織を適切に分割するのはリスク管理上の大原則であるが、それに違背《いはい》する人事措置を安易に継続したことが、ニューヨーク支店の内部統制システムを空洞化させたと言えよう。

以上のように、支店内部の事務作業や手続上の些細な問題が巨額損失事件を招いてしまったというのが実態である。日本の管理職は「大所高所」という言葉が好きだが、このような失敗を予防する上では、大所高所の議論など何の役にも立たない。むしろ「重箱の隅をつつく」ほどに、現場業務の細かな部分まで把握することが必要となるのである。

ちなみに、歴代のニューヨーク支店長の中には、Xの業務内容に疑念を抱き、支店内の内部統制システムの強化を試みた者も存在した。しかし、制度の構築や組織の新設にのみ関心が向けられ、現場の運用についてのチェックが不十分であったため、結局はXの不正を発見できなかったのだ。

有能な社員ほどチェックせよ

取引担当者が取引の損失を隠蔽し、その損失を回復するためにリスクの高い無断取引や損失の付け替え等の偽装工作を繰り返した結果、損失額が膨張するというケースは、企業不祥事の中でも決して珍しいものではない。本事件と同時期に発生した日本企業関連の巨額損失事件としては、次の5件がよく知られている。

・昭和57年、第一勧業銀行シンガポール支店において、為替ディーラー（資金課長）の外国為替の無断取引による97億円の巨額損失が発覚

・昭和59年、富士銀行ニューヨーク支店において、為替チーフ・ディーラー（資金第二課長代理）の外国為替の無断取引による115億円の巨額損失が発覚

・平成3年、第一勧業銀行ロサンゼルス支店において、為替ディーラーの外国為替の無断取引による30億円の巨額損失が発覚

・平成6年、東京証券において、債権運用部長の米国財務省証券やデリバティブの無断取引による320億円の巨額損失が発覚

・平成8年、住友商事において、非鉄金属部長の銅地金の無断取引による2852億円の巨額損失が発覚

これらの巨額損失事件には、共通の背景要因が認められる。それは、事件を引き起こした社員が、いずれも有能な人物として周囲から信頼されていたということだ。

大和銀行事件では、問題のXは、ニューヨーク支店内で証券業務の第一人者であり、嘱託社員としては異例の昇進を遂げていた。第一勧業銀行シンガポール支店のケースでは、問題のディーラーは、約１５０人の同期入行組の中でもトップクラスと目されていた人物である。東京証券事件では、問題の債券運用部長は、80年代後半に円高を利用して実績を上げたことで、社内では特別な存在と見なされていた。

彼等はいずれも有能であったために、取引での失敗を報告して上司の期待を裏切ることに耐えられず、さらに「頑張れば挽回は不可能ではない」という心理に陥って、無断取引を重ねていった。上司の側でも彼等に対して厚い信頼を抱いていたため、日常の監督が疎《おろそ》かになりがちであったと推察される。

損失を相当な期間にわたって隠蔽できたのも、彼等の有能さによるものである。たとえ隠蔽の手口それ自体は単純であっても、損失額が膨張するに従って隠蔽に要する作業量は急増し、まさに自転車操業の様相を呈する。さほど能力のない社員であれば、損失が巨額になる以前に帳尻合わせに失敗していたことだろう。しかし、彼等がその有能さを発揮し、肉体的・心理的負担に耐え抜いて隠蔽作業を長年にわたって続けた結果、損失が天文学的数字に膨れ上がったのである。

非常に逆説的な結論となるが、社員が有能であればあるほど、万一不祥事が発生した場合の被害が大きくなるということだ。有能な社員に対しては、他の社員よりもむしろ念入りにリスク管理を実施すべき、と発想を転換する必要があるだろう。

また、日本的な組織風土にあっては、内部統制システムが組織内における複雑な人間関係の影響を受けやすい点についても注意を要する。

住友商事事件では、ロンドン商品取引所から「不正な取引があるのではないか」との指摘を受け、会社側ではチームを編成して銅取引のチェック作業を開始した。しかしこのチームのリーダーは、問題の非鉄金属部長よりも後輩であったために、監視機能を果たすことができなかった。

また、第一勧業銀行ロサンゼルス支店事件では、問題のディーラーが課長級の幹部であったため、事務管理部門が同人の内規違反の取引を知りながら、3週間も見逃していた。

第一勧業銀行シンガポール支店事件は、さらに興味深いケースである。当時の第一勧業銀行では、合併前の「旧第一銀行系」と「旧日本勧業銀行系」の垣根が依然として存在し、「一つ屋根の下に2つの銀行」と揶揄《やゆ》されるほどだった。そして、問題のシンガポール支店では、支店長が自分と同じ「旧第一銀行系」であったディーラーを厚く信頼していたため、

「旧日本勧業銀行系」の社員が口を差し挟むことができず、支店内部でのチェック機能が働かなかったのである。

第四節　組織改革の本質
～組織文化は形状記憶合金～

組織文化とは何か

組織内で共有されている価値観・信念・慣習など、構成員の行動に影響を与える様々な要素を総括して「組織文化」と呼ぶ。この組織文化はまさに「文化」と呼ぶに相応《ふさわ》しく、長い時間と経験の蓄積を経て形成される。明文化されてはいないが、構成員の誰もが承知している暗黙知であり、その組織内限定の「常識」と言ってもよい。

組織文化には、オフィシャルな規則やマニュアルと同様に、あるいはそれ以上に、組織の構成員の活動を事実上規律する働きがある。そのため、優れた組織文化を持つ組織は、無形の競争力を有することになる。

例えば、トヨタ自動車の生産方式については諸外国の企業が模倣し、また、研究者も山のようなレポートを執筆しているが、実際にトヨタ自動車に伍《ご》するような企業はなかなか現れない。それは、単に技術やノウハウを導入すればよいといった次元ではなく、生産性を徹底的に追求するという組織文化が従業員の一人ひとりにまで染み付いていることが、トヨタ生産方式の核心であるからだ。

その一方で、組織文化は、必ずしも当該組織にとって有益なものとは限らない。基本的に人間とは易《やす》きに流れる生き物であるため、自然発生的な組織文化はどうしてもルーズなものになりがちだ。そのような組織文化は、本来の組織目的と無縁であるだけでなく、組織さらには社会のルールにも背反し、むしろ組織にとって有害となる可能性もある。

雪印事件については改めて説明するまでもないが、その雪印乳業が、平成14年3月、消費者や酪農者などのステークホルダーに対するメッセージ広告を朝刊各紙に掲載した。その内容は、

「『自分さえ良ければ（助かれば）いい』『すべて他人事。すべて他人のせいにする』これが今までの、企業・雪印の人格です。そしてこれこそが、社員ひとりひとりの中に、多かれ少なかれ巣くっている悪しき『雪印らしさ』です」

と、自らの組織文化の問題点を率直に吐露《とろ》するものだった。

雪印のケースが示すように、堕落した組織文化は重大な危機を招来しかねないことを経営者は強く自戒する必要がある。しかし、組織文化に問題が認められたとしても、それを改革

するのは決して容易なことではない。前述したように、組織文化は個々の構成員レベルにまで根付いた価値観であり、行動様式であるからだ。

たとえトップダウンで新しい思考を押し付けたとしても、まるで形状記憶合金のように、いつの間にか元に戻ってしまうことが珍しくない。口が酸っぱくなるほどに改革の必要性を説き続け、日常のチェックを繰り返す以外に、組織文化を改革する術《すべ》はないのだ。

平成17年、鋼鉄製橋梁工事を巡る談合が公正取引委員会により摘発され、独占禁止法違反(不当な取引制限)容疑で刑事告発された。この談合に参加したのは、古参メーカー17社で作る「K会」と後発メーカー30社からなる「A会」の計47社、まさに業界ぐるみの犯行であった。ちなみに、この47社の中には、石川島播磨重工、三菱重工等の日本の代表的メーカーも含まれている。

この事件は、日本企業におけるコンプライアンスの底の浅さを示すと同時に、組織文化を変えることの難しさを証明する格好の題材でもある。

「K会」や「A会」には、その前身となる談合組織が存在したが、平成3年に一旦解散している。これは、談合情報を入手した元総会屋が、同会のメンバー企業を恐喝したためだ。平成6年にこの元総会屋が逮捕されたことで事件が表面化し、談合の一件も世間の知るところとなった。ただし、この事件に関して言えば、企業側は恐喝の被害者という立場である上に、企業暴力根絶の観点から、むしろ企業側が泣き寝入りせずに被害を届け出た点が評価され、談合問題についての責任が追及されることはなかった。

しかし、今回の公正取引委員会の調査によると、早くも平成5年頃には、「K会」や「A会」と名称を変えて、談合組織が再結成されていた。会の運営や談合のルールについても、前身組織の規定をそのまま受け継いでいる。「三つ子の魂百まで」という諺《ことわざ》があるが、恐喝事件という手痛い経験を経ても、47社の「談合型」組織文化は、まったく変わらなかったのである。

東京女子医大病院手術ミス隠蔽《いんぺい》事件

平成13年、東京女子医大病院において、心臓手術の際に担当医師のミスにより患者を死亡させる事故が発生した。事故それ自体は、人工心肺装置の機能についての知識が不十分であったために手術中に装置のトラブルが発生したという、典型的なヒューマン・エラーである。

この事故が「事件」となったのは、手術ミスを隠蔽する工作が行われたためだ。

この手術の直後、同病院理事長に手術ミスを指摘する内部通報文書が届いた。しかし、主任教授はそのような事実はなかったと回答し、さらにその旨を手術チームリーダーの医師に伝えた。するとチームリーダーは、それを「事故を隠蔽せよ」の趣旨と解釈し、チーム員の看護師と技師に命じてカルテや記録用紙の書き換えを命じたのである。その後、今度は患者の遺族宛にミスを告発する文書が送付されたことで事件が発覚し、人工心肺装置の操作を担当していた医師が業務上過失致死罪で、そしてチームリーダーの医師が証拠隠滅罪で、それぞれ検挙されるという異例の事態となった。

この隠蔽が行われた背景として、医療機関の閉鎖的な組織文化の問題が指摘されている。特に大学病院では、絶大な権限を有する主任教授を頂点とする強固なピラミッド型の医局制度が存在したために、上司の指示に異論を唱えることは困難だったようだ。また、一部の識者は、日本の医療機関では手術ミスが発生した場合に記録類の書き換えがしばしば行われているとまで指摘している。

実は、問題の東京女子医大では、本事件が起きる以前から「安全管理委員会」をいち早く設置し、医療事故を報告する義務を職員に課していた。しかし本件の手術ミスについては、手術チームの誰からも報告はなされていない。それどころか、2名のチーム員がチームリーダーの指示に従って改竄作業を手伝っているのである。

医療事故への対応について先進的な取り組みをしていた東京女子医大で本事件が発生したことは、一旦根付いてしまった組織文化を改革するのがいかに困難であるかを示す好例と言えよう。そしてこの問題は、医療機関全般にも当てはまるように思われる。

平成16年10月、大学病院や国立病院などの主要病院に対して医療事故の報告を義務付ける「医療事故情報収集等事業」がスタートした。しかし、財団法人日本医療機能評価機構の医療事故防止センターの発表によると、翌年3月末までに報告された医療事故は533件にすぎない。この場合の「医療事故」は、死亡・後遺障害などの重大事故だけでなく、軽微な事案をも対象としていることを考えると、相当に少ない数字と言えよう。

ある医療関係者は、自らの病院における事故発生数に基づいて積算し、国内全体の医療事故を年間約60万件と推計している。この発生比率を報告対象病院に当てはめると、半年間の事故件数は3万件弱になるということだ。今回示された533件という報告件数は、それよりも2桁も下回るものである。

この推計値がどの程度まで信頼できるものなのか、素人である私にはよくわからない。また、個々のケースについて医療事故かどうかの判断を下すのが難しい作業であることは想像できる。しかし、医療事故防止センターの発表では大学病院の約4割が報告件数ゼロとされており、少なくともこの点は素人目からしても腑《ふ》に落ちない。

怨み事になるので詳しくは書かないが、私の身近な親族2人が大学病院で医療事故を経験している。一度は薬品の取り違えで、私の父は危うく失明するところだった。我が家系が特に不運ということなのかもしれないが、大学病院には常時相当な数の患者が詰めかけている上に、病院職員の皆さんの負担度は極めて過重である。半年の間に軽微なエラーさえ1件もないというのは、なかなか信じがたいところだ。

ちなみにこの報告制度では、医療機関からの正直な申告を促すために、病院名は一切公表されていない。報告内容も事故の根本原因については踏み込まず、医療従事者の過失によるものかどうか（＝刑事責任の有無）についての評価を避けている。このような報告促進対策が取られていても、現場の意識はなかなか変わらないということではないだろうか。

私の知己にもこの問題に熱心に取り組んでいる医療関係者がおり、彼らの努力で医療現場がここ数年で相当に改善されたことは承知している。しかし、どれほどシステムが整備されたとしても、それを運用するのは現場の人間である。そして、組織文化に根ざした現場の思考方式を改めるのは、システムを導入するよりもはるかに時間がかかることなのだ。

過《あやま》ちを認める風土

現在の日本は、世代間の意識ギャップ・少子高齢化・産業構造の変化・諸外国との競争の激化等の諸課題に直面し、旧来の組織文化からの脱却を迫られている。かつての日本では考えられなかったような事故や企業不祥事が頻発しているのは、組織文化が時代の変化に適応できていないことの現れだ。しかし、従業員削減など小手先の対策は進められていても、肝心の組織文化の改革については「日暮れて道遠し」の感がある。

それを端的に示すのが、事故や不祥事を引き起こした企業の対応である。前述の雪印乳業は例外として、自らの組織文化の劣化を真摯《しんし》に認めたケースは非常に少ない。その典型的な対応パターンは次のようなものだ。

記者会見の場で役員一同が深々と頭を下げて陳謝する。その責任を取って社長が退陣を発表する場合でも、後任者はかねてから次期社長候補と目されていた人物である。つまり、社長の退陣が予定より少し早まっただけで、経営陣には実質的にほとんど変化はない。

部外の識者を集めて調査委員会が編成されることも多い。しかし、その調査結果はなかなか発表されず、いつしか世間も事件のことを忘れてしまった頃に、馴染《なじ》みの記者だけを集めて簡単な発表会見が行われる。その際に配布されるのは「調査報告書の概要」と題する簡単な書面だけで内容的にも新味はなく、新聞紙面には携帯電話の画面よりも小さな囲み記事が掲載されるだけだ。

調査報告書の原文は、「関係者のプライバシーの問題がある」などの理由により、公表されることはほとんどない。たとえ公表された場合でも、その内容の大半は事実経過や技術的な解説に占められ、事件の背景要因や組織文化の影響については申し訳程度しか触れていない。

私は、本書の執筆のため様々な事例を調査するたびに、意味のある情報がごくわずかしか公開されていない現状を痛感した。これでは、企業側に事件の教訓を本当に活かすつもりがあるのかどうか疑問に思わざるを得ない。結局のところ多くの経営者は、事故や不祥事を「組織を見つめ直す契機」とは意識せず、嵐が通り過ぎるのをただ待っているだけではないだろうか。

肝心の組織文化の問題が手付かずになっていては、たとえ一時的な引き締めにより小康状態が得られても、やがて第2、第3の事件に直面することになるだろう。中国の古典『易経《えききょう》』には、「君子は豹変し、小人は面《おもて》を革《あらた》む」という言葉がある。「君子は過ちを悟ればすぐに改めるが、小人は上辺《うわべ》を繕《つくろ》うだけだ」との趣旨であるが、この言葉がまさに日本の現状を表しているような気がしてならない。

米国でも、日本と同様、あるいはそれ以上にレベルの低い事故や不祥事が発生しているが、その一方で、原因調査の面では日本よりもはるかに徹底している。例えば、第2章第一節で述べたコロンビア号空中爆発事故では、事故調査委員会が公表した報告書は極めて詳細なものだった。単に事故を引き起こした技術的要因を明らかにするだけでなく、その第7章「事故の組織的要因」では、

「(事故の) 組織的要因を裏付ける証拠により、当委員会は次のように判断する。シャトル計画において運行計画、経費、マニフェスト、安全、技術的要件、そして技術的要件に関する特認に関してすべての権限と責任を併せ持つNASAの現体制は、安全と任務の達成を確保するためのチェック・アンド・バランス機能として効率的とはいえない。加えて、NASAの安全・任務保証局は、当委員会や外部の研究者が (その業務のために) 必要と考えている独立性や権限を有していない。その結果、スペースシャトル計画は、高度のリスクに効率的に対応するための組織的特性を必ずしも発揮できていない」

とまで言い切っている。さらに個別的にも、

・予算の制約や不合理なスケジュールのもとで、「なせば成る (Can Do)」精神で無理を

重ねた
・過去の成功体験により担当者が自信過剰に陥り、シャトルの飛行期間中は毎日実施するように規則で定められているミーティングを怠った
・計画責任者は、データよりも自分の主観に基づいて断定を下すことで障壁を作り、少数意見を封殺した
・情報が組織の上層に伝達されていくにつれて内容が短縮され、あるいは単純化され、時には情報そのものが消失してしまうことがあった
などと、NASAの組織運営に対する痛烈な批判を書き連ねている。

その上で、今後の対策として、シャトル計画のライフサイクル全般にわたって危険に関する認知・分析・対応を実施するための「技術専門機関」の設立を提言した。この技術専門機関はNASA本部の直轄とされ、シャトルの運行計画や経費の面からは独立した立場を保持しなければならないとまで要請している。

この報告書を作成したコロンビア号事故調査委員会は、NASA長官によって編成された機関である。そのメンバーには、NASA関係者やNASAと密接な関連を有する軍関係者が数多く含まれ、委員長も退役海軍大将である。その点を考えると、NASAにとって「身

内」の委員たちが、よくぞここまで組織を批判したものだと驚きを禁じ得ない。

コロンビア号事故では、NASAの組織文化のマイナス面が大きく影響していたことは否めない。しかしその一方で、自らの過ちを率直に認め、将来のために徹底して議論を重ねるという風土がNASAに形成されていることは高く評価されるべきであり、日本もこの面を見習っていかなければならない。

アウシュビッツの証言

本書の執筆が佳境に入っていた平成17年8月、NHKテレビの深夜番組で、アウシュビッツ強制収容所解放60周年を記念して製作された『アウシュビッツ』と題するドキュメンタリーが放映された。おそらく本書の読者にも、ご覧になった方は少なくないだろう。

この番組の最後で、アウシュビッツ強制収容所に勤務していた元ナチス親衛隊員がインタビューを受ける場面がある。彼が戦後の戦犯裁判で不起訴になったことに対して、「100万人ものユダヤ人を虐殺した同収容所に勤務していたのに、その責任を問われないのはおかしいのではないか」とレポーターが質問した。すると彼は、「自分は何千人という勤務者の一人として働いていただけであり、その当時の状況下ではやむを得ない選択だった」と答えた。

その一方で、彼は次のように語った。「自分がこのようにカメラの前に出てインタビューを受けているのは、最近のドイツにおいて、ホロコーストの存在そのものを否定する動きが存在するからである。私は彼等にこう言いたい。虐殺はたしかに起きたことだ。なぜなら私はその場に勤務し、ガス室や死体焼却炉をこの眼で見たのだから」と。私は、この沈鬱《ちんうつ》なやり取りこそが、失敗から学ぶという行為の本質を衝《つ》いているように感じた。

虐殺行為に荷担した件で彼を非難するのは容易である。しかし、もしも当時ナチスの反ユダヤ政策に異を唱えたりすれば、彼自身が強制収容所に送られていたことだろう。ユダヤ人の中にさえ、少しでも長く生き延びるために、親衛隊の手足となって同胞の虐殺に携わった者が存在したことを考えると、21世紀のお茶の間という安全な観客席に身を置く者が、彼の行動を糾弾《きゆうだん》するのは適当ではない。

むしろ我々は、自分の反省を現代の若者に伝えようとした彼の勇気を称賛すべきだろう。敢えてこの番組に出演したことで、彼は自分と家族が周囲の好奇と侮蔑《ぶべつ》の視線に曝《さら》されるリスクを甘受したのである。それは、決して生易《なまやさ》しい覚悟でできるものではない。

人間とは過ちを犯す生き物である。「俺だけはそんなことはない」と本気で言い切れる者がいたとしたら、それはただの愚か者だ。自らの失敗を真摯に反省した上で、同じ過ちが繰り返されないようにその経験をありのままに伝え、それを聴く側も自分がいつ同じ過ちを犯すかわからないという畏《おそ》れを持つ、それこそが失敗に学ぶという姿勢なのである。

あとがき

一介のサラリーマンの身である以上、執筆に当てられる時間は極めて限られたものだ。昼間の仕事で疲れた身体に鞭打って深夜までパソコンに向かい、あるいは休日の家族サービスの合間を縫って参考図書のページをめくる姿は、傍《はた》から見ればむしろ滑稽《こっけい》なほどだろう。出版社からいただく印税も、書籍購入費や検索費用などを差し引いてから執筆時間で割れば、マクドナルドのバイトの時給の半分にも満たない。

私を執筆に駆り立てているものは、独りよがりかもしれないが、「人々に伝えたい」という使命感と、本が出来上がった時に湧き出る達成感である。特に本書は、私が長年にわたって研究してきたテーマであり、その意味でも極めて感慨深い。

執筆を終えたいま、改めて「まずい!!」学とは何なのだろうと思う。危機を回避する術《すべ》を論じている点ではリスク管理学であるが、技術的な観点から安全工学についても取り上げている。組織としての行動分析の面では組織論であり、管理者の役割を論じる部分は経営学である。縦割り型のアカデミックな世界から見れば、「ごった煮」としか言い様のないものかもしれない。

しかし、私がこれまで様々な講演や講義で経験した限りでは、この「ごった煮」に対するニーズは極めて高いようだ。経営の実務家サイドで役立つかどうかという観点に基づき、具体的なスキルや注意事項に焦点を当てているためと自負している。

いずれにせよ、私としては、引き続き研究を重ねるだけである。この分野が本当に社会から必要とされているものならば、「桃李不言下自成蹊」（桃李もの言わざれども下自《おの》ずから蹊《みち》を成す）の言葉のように、後に続く者も出ることだろう。

本書の出版に当たっては、祥伝社の小川純氏にご尽力いただいた。また、私の職場である警察大学校の芦刈勝治校長と小野正博センター所長には、様々なご支援と有益なご示唆を頂戴した。この場を借りて改めて御礼を申し上げたい。

本書の執筆中に、娘の美里が一人で絵本を読み始めた。いずれは私の書いた本を手に取ることだろう。その時に美里がどのような感想をもらすのか、今から楽しみでならない。最後に、本書を我が慈母樋口美代子に捧げる。いつも心配をかける馬鹿息子のせめてものプレゼントである。

平成十八年六月

樋口晴彦

主要参考文献

・梅田徹／久本之夫『内部通報制度の考え方・作り方』（日本能率協会）
・運輸省航空事故調査委員会「航空事故調査報告書」（平成8年7月19日）
・岡本浩一／今野裕之『リスク・マネジメントの心理学　事件・事故から学ぶ』（新曜社）
・経済産業省原子力安全・保安院「関西電力株式会社美浜発電所3号機二次系配管破損事故について（最終報告書）」
・黒田勲『「信じられないミス」はなぜ起こる――ヒューマン・ファクターの分析――』（中災防新書）
・S.ケイシー『事故はこうして始まった！　ヒューマン・エラーの恐怖』（化学同人）
・コロンビア号事故調査委員会「The CAIB Report」（http://caib.nasa.gov/）
・澤岡昭『衝撃のスペースシャトル事故報告書　NASAは組織文化を変えられるか』（中央労働災害防止協会）
・城繁幸『内側から見た富士通「成果主義」の崩壊』（光文社）
・武田純一「「えひめ丸事故」米運輸安全委最終報告書を読んで」（世界の艦船2006年

1月号)
・長谷川眞理子『科学の目　科学のこころ』(岩波新書)
・樋口晴彦「美浜原発事故の行動科学的分析」(危機管理システム研究学会研究年報第4号)
・樋口晴彦「三菱重工客船火災事故の行動科学的分析」(捜査研究第53巻第9号)
・樋口晴彦「大和銀行ニューヨーク支店巨額損失事件の研究」(捜査研究第54巻第12号〜第55巻第2号)
・久本之夫「JCO臨界事故の行動科学的分析」(捜査研究第53巻第7号)
・久本之夫『危機管理の焦点』(東京法令出版)
・保阪正康『昭和陸軍の研究　上・下』(朝日新聞社)
・三好万季『四人はなぜ死んだのか　―インターネットで追跡する「毒入りカレー事件」』(文藝春秋社)

●編集協力　阿部一恵（阿部編集事務所）
●本文デザイン　長谷川　理

★読者のみなさまにお願い

この本をお読みになって、どんな感想をお持ちでしょうか。次ページの「100字書評」(原稿用紙)にご記入のうえ、ページを切りとり、左記編集部までお送りいただけたらありがたく存じます。今後の企画の参考にさせていただきます。また、電子メールでも結構です。

お寄せいただいた「100字書評」は、ご了解のうえ新聞・雑誌などを通じて紹介させていただくこともあります。採用の場合は、特製図書カードを差しあげます。

なお、ご記入のお名前、ご住所、ご連絡先等は、書評紹介の事前了解、謝礼のお届け以外の目的で利用することはありません。また、それらの情報を六カ月を超えて保管することもありません。

〒一〇一—八七〇一　東京都千代田区神田神保町三—六—五　九段尚学ビル
祥伝社　書籍出版部　祥伝社新書編集部
電話〇三(三二六五)二三一〇　E-Mail : shinsho@shodensha.co.jp

★本書の購入動機（新聞名か雑誌名、あるいは○をつけてください）

＿＿＿＿新聞の広告を見て	＿＿＿＿誌の広告を見て	＿＿＿＿新聞の書評を見て	＿＿＿＿誌の書評を見て	書店で見かけて	知人のすすめで

★100字書評……組織行動の「まずい!!」学

名前

住所

年齢

職業

樋口晴彦　ひぐち・はるひこ

1961年、広島県生まれ。東京大学経済学部卒業後、国家公務員上級職に採用。愛知県警察本部警備部長、四国管区警察局首席監察官のほか、外務省情報調査局、内閣官房内閣安全保障室に出向。現在、警察大学校警察政策研究センター主任教授として、危機管理分野を担当。危機管理システム研究学会常務理事、組織学会、警察政策学会、失敗学会会員。著書に『危機管理の焦点』『歴史に学ぶ組織管理のノウハウ』『内部通報制度の考え方・作り方』等。

組織行動《そしきこうどう》の「まずい!!」学《がく》

どうして失敗が繰り返されるのか

樋口晴彦《ひぐちはるひこ》

2006年7月5日　初版第1刷発行
2012年4月30日　　第10刷発行

発行者…………竹内和芳
発行所…………祥伝社《しょうでんしゃ》
〒101-8701　東京都千代田区神田神保町3-3
電話　03(3265)2081(販売部)
電話　03(3265)2310(編集部)
電話　03(3265)3622(業務部)
ホームページ　http://www.shodensha.co.jp/

装丁者…………盛川和洋
印刷所…………萩原印刷
製本所…………ナショナル製本

Printed in Japan　ISBN978-4-396-11044-4　C0234

〈祥伝社新書〉好評既刊

- 001 抗癌剤 知らずに亡くなる年間30万人　平岩正樹
- 002 模倣される日本 映画、アニメから料理、ファッションまで　浜野保樹
- 008 サバイバルとしての金融 株価とは何か・企業買収は悪いことか　岩崎日出俊
- 010 水族館の通《つう》になる 年間3千万人を魅了する楽園の謎　中村 元
- 024 仏像はここを見る 鑑賞なるほど基礎知識　瓜生《うりゅう》 中《なか》
- 035 神さまと神社 日本人なら知っておきたい八百万《やおよろず》の世界　井上宏生
- 039 前立腺 男なら覚悟したい病気　平岡保紀
- 042 高校生が感動した「論語」　佐久 協《やすし》
- 043 日本の名列車　竹島紀元《としもと》
- 044 組織行動の「まずい!!」学 どうして失敗が繰り返されるのか　樋口晴彦
- 052 人は「感情」から老化する 前頭葉の若さを保つ習慣術　和田秀樹
- 062 ダ・ヴィンチの謎 ニュートンの奇跡 「神の原理」はいかに解明されてきたか　三田誠広
- 063 1万円の世界地図 図解 日本の格差、世界の格差　佐藤 拓
- 066 世界金融経済の「支配者」 その七つの謎　東谷 暁《さとし》
- 074 間《ま》の取れる人 間抜けな人 人づき合いが楽になる　森田雄三
- 076 早朝坐禅 凛《りん》とした生活のすすめ　山折哲雄
- 077 手元《てもと》供養のすすめ 「お墓」の心配無用　山崎譲二
- 081 手塚治虫「戦争漫画」傑作選
- 082 頭がいい上司の話し方　樋口裕一
- 086 雨宮処凛《かりん》の「オールニートニッポン」
- 087 手塚治虫「戦争漫画」傑作選Ⅱ
- 089 愛しの蒸気機関車　竹島紀元《としもと》
- 090 父から子へ伝える 名ロック100　立川直樹
- 092 どうする東アジア 聖徳太子に学ぶ外交　豊田有恒
- 093 手塚治虫傑作選「瀕死《ひんし》の地球を救え」
- 094 朗読してみたい 中国古典の名文　渡辺精一
- 095 デッドライン仕事術 すべての仕事に「締切日」を入れよ　吉越《よしこし》浩一郎
- 096 日本一愉快な 国語授業　佐久 協《やすし》
- 097 あの哲学者にでも聞いてみるか ニートや自殺は悪いことなのか　鷲田小彌太
- 098 滝田ゆう傑作選「もう一度、昭和」
- 099 御社の「売り」を小学5年生に15秒で説明できますか?　松本賢一
- 100 仕事が活《い》きる 男の風水　金寄《かなより》靖水《せいすい》
- 101 戦国武将の「政治力」　瀧澤 中《あたる》
- 102 800字を書く力 小論文もエッセイもこれが基本!　鈴木信一
- 103 精神科医は信用できるか 「心のかかりつけ医」の見つけ方　和田秀樹
- 104 宮大工の人育て 木も人も「癖」があるから面白い　菊池恭二
- 105 人の印象は3メートルと30秒で決まる 自己演出で作るパーソナルブランド　江木園貴《そのき》
- 106 メジャーの投球術 日本野球は、もう超えたか　丹羽政善
- 107 プロフェッショナル　仁志敏久
- 108 手塚治虫傑作選「家族」
- 109 「健康食」はウソだらけ　三好基晴

以下、続刊